日本資本主義百年の歩み

安政の開国から戦後改革まで

大石嘉一郎

東京大学出版会

A Century of Japanese Capitalism:
From the Opening Japan to the Postwar Reform
Kaichiro OISHI
University of Tokyo Press, 2005
ISBN978-4-13-042121-8

はしがき

安政の開国によって触発され、明治維新によって急速に生成した資本主義社会は、日清・日露戦争を経て、軍事的・半封建的特徴をもつ日本資本主義として確立する。その後日本資本主義は、第一次大戦後に一定の変容をとげるが、世界大恐慌期に危機におちいって再編を余儀なくされ、第二次世界大戦の敗戦によって崩壊し、戦後の民主改革によって再生するに至った。

本書は、このような安政の開国から戦後改革までの日本資本主義百年の歩みを、統一的な視点からとりまとめたものである。

本書の特徴の第一は、戦後の研究の成果をふまえて、とくに第一次世界大戦以後の日本資本主義の変容・危機・崩壊の過程を詳しくたどったことであり、その第二は、国際的契機と国内的要因との関連を重視するとともに、国家と政治過程についても配慮したことである。そして最後に、明治学院大学での「日本経済史」の講義の経験をふまえて、学生・社会人など専門研究者でない人びとにも親しめるような、わかりやすい叙述を心がけたことである。

目　次

I

第一章　安政の開国と幕藩体制の崩壊

菅野八郎が画いたペリー像（福島県歴史資料館所蔵）

八郎は 1866 年 6 月の信達百姓一揆の際，江戸の瓦版に「金原田村八郎世直し大明神」と書かれた，一揆の中心人物．

一八五三（嘉永六）年、アメリカ東インド艦隊司令長官ペリーが四隻の軍艦をひきいて浦賀に現われ、幕府に開国を求めたとき、江戸の落書は、「泰平の眠りをさます上喜撰（蒸気船）、たった四はい（四隻）で夜もねむれず」とうたったが、日本は決して「泰平」の世ではなかった。ペリーが来航した前後には、すでに列強は日本に近づきつつあったし（年表参照）、幕藩体制は動揺を開始していたからである。

当時の幕府・諸藩の財政は困難をきわめ、一八四一―四三（天保一二―一四）年には、それぞれが幕藩政改革に取り組み、「天保改革」に成功した長州・薩摩・土佐などの諸藩は、「西南雄藩」として台頭してくる。その背景には、当時もっとも先進的であった畿内綿業地帯でマニュファクチュア経営を生むほどに富農経営が続出したことを頂点として、各地で「農民的商品経済」の発展がみられ、また、百姓一揆が大規模化・広域化して、一つのピークを迎えていたことがある。

一八五四（嘉永七）年、幕府が日米和親条約を結び、開国にふみきった後、日本は「明治維新への道」をひた走ることになる。明治維新は、徳川幕藩体制から近代天皇制国家への移行を画した政治変革であったが、それにとどまるものでなく、日本社会の徳川封建社会から近代資本主義社会への転換を画した一大社会変革であった。

明治維新を世界史的にみれば、先進列強による世界市場形成の最後の段階、「自由貿易主義」の最後の時期にあった資本主義世界へのアジア諸民族の強制的編入に対する一つの対応形態であった。(注1) 一八六八年新政府の成立を画期とする維新変革が急速に遂行され、資本主義経済が急激に生成していっ

年表　幕末の東アジア情勢

1840-42	アヘン戦争．清，イギリスと南京条約を結ぶ．
1842（天保13）	幕府，異国船打払令を緩和，薪水給与令を出す．
1844（弘化元）	オランダ国王の開国勧告．翌年これを拒絶して鎖国体制を守る姿勢を示す． フランス船琉球に来航，通商を要求．
1845（弘化2）	イギリス船琉球に来航，貿易を強要．
1846（弘化3）	フランスの艦隊が琉球や長崎に，またアメリカ東インド艦隊司令官ビッドルが浦賀に来航し，それぞれ通商を要求．この後，英・米・仏・デンマークなどの船がたびたび来航．
1851（嘉永4）	清で農民が反乱をおこし，太平天国を樹立．
1853（嘉永6）	アメリカ東インド艦隊司令長官ペリー，浦賀に来航，大統領の国書を持参． ロシア極東艦隊司令長官プチャーチン，長崎に来航．
1854（嘉永7）	ペリー神奈川に再来航，日米和親条約を締結．続けて日英・日露和親条約．
1857（安政4）	インドでインド人傭兵（セポイ）の反乱．
1858（安政5）	1856年アロー戦争（アロー号事件）が起き，翌57年イギリス・フランスが広東占領．さらに天津に侵入，1858年英仏米露と天津条約，さらに1860年北京条約を結ぶ．

た歴史過程は、先進列強による外圧（国際的＝他律的要因）を抜きにしては理解することが出来ない。

しかし同時に、外圧にさらされながら、日本がともかくも独立の統一国家を樹立し、資本主義社会を成立させていった根拠は、国際的要因だけでは理解することができない。その重要な根拠として、国内的＝内発的要因を重視しなければならない。明治維新の国際的要因と国内的要因、その両者の絡み合いを正しく認識する必要がある。

本章では、このような問題視角のもとに、

第一に、明治維新の前提をなし、維新変革のあり方を規定した徳川幕藩制社会の構造は、どのような特徴を持っていたか、

第二に、安政開港前に、明治維新を可能にした国内的＝内発的要因は、どの程度、

どのように成熟していったか、

第三に、安政開港以後、国際的要因が国内的要因にどのように作用して、幕藩体制を崩壊させ、維新政権を成立させていったか、

を明らかにする。

第一節　徳川幕藩制社会の構造的特質

封建制社会（Feudalism）は、一般に、①領主・家臣団の封土（Fief）関係に基づく主従関係（領主・家臣団の階層的編成）と、②領主＝土地所有者と農民＝土地保有者との「経済外的強制」による封建地代の搾取関係（農奴制、英 Serfdom、独 Leibeigenschaft）との二側面をもつが、徳川幕藩制社会は、その二側面において、西欧封建制と共通の性格をもつ封建制社会であった。(注2)

しかし、日本の徳川幕藩制社会は、次のような独特な構造をもっていた。

(1)　まず、領主・家臣団の階層的編成が集権的性格をもっていたことである。幕府＝将軍への権力の集中として、幕府の大名に対する、①改易・移封・減封、②軍役・公役の負担、③武家諸法度による統制、④参勤交代制、を指摘することができる。各藩では大名に権力が集中し、武士階級は兵農分離策によって城下町に集住し、知行地を喪失して俸禄制となっていた。また、商農分離策によって商人・職人が城下町に集住し、いわゆる「住み分け」により、武家地・商人

地が形成されていた。

さらに、幕府＝将軍と各藩大名はそれぞれ独特の経済統制を行った。幕府＝将軍は、①三都の特権商人（株仲間・組問屋）による全国市場の統制、②貨幣鋳造権・発行の独占、③鎖国制による対外交流の制限（キリシタン禁制と関連）を行い、各藩大名は、①城下町特権商人による市場統制、②藩専売制による特産物の統制などを行った。

将軍は、天皇から命じられた「征夷大将軍」であったが、朝廷（皇族・公卿）はたんなる儀礼的権威であり、しかも徳川家康が「大権現」であった。

(2)　農奴制＝封建地代搾取関係の特徴として、次の点を指摘することができる。

第一に、士農工商の差別、さらにその下の被差別部落民に対し厳格な身分制がとられたことであり、①兵農分離と刀狩りによる農民身分の固定、②商農分離による商人、職人の城下町への集住、彼らへの地子免除、冥加金による特権の付与、③えた・非人（被差別部落民）の確定と彼らの番太としての利用が行われた。

第二に、本百姓体制と地縁的共同体（むら）の確立であり、①隷属農民（名子・作り子）の解放と本百姓＝高持百姓の創設・維持（それを支える田畑永代売買の禁令）、②村切りによる近世村落（藩政村）の創設、その村落共同体による零細錯圃制と入会地・水利の共同利用、③村役人（名主・庄屋・肝煎など）への特権付与などが行われた。

第三に、石高制による封建地代＝年貢の徴収であり、①米生産量を基準とする耕宅地の石高の確定

（検地と検地帳の作成）、②領主的土地所有と農民的土地保有を貫いて石高制がとられたこと、③物納年貢（生産物地代）を原則としたが、石代納（半石半永、畑永）を並存し、また定免法と検見法があったことである。

第四に、村落を媒介とする経済外的強制であり、①村請制、年貢の村落共同負担の強制、②宗門人別帳・寺請制度による戸口統制、職業・移動の自由や宗教の自由の禁止、③村約定を媒介とする生産・生活・祭祀の統制（村落共同体規制）、そのための慶安の御触書や田畑勝手作禁令の公布などが行われた。

第二節　幕藩体制解体の国内的要因の成長

一　商品・貨幣経済（市場経済）の発展

幕藩体制解体のもっとも基礎的な要因は、商品・貨幣経済（市場経済）の発展であり、その市場経済には、相互に絡み合いつつ対立的な性格をもつ領主的市場経済と農民的市場経済の二つがあった。この二つが絡み合いつつ市場経済は文政―天保期に新しい段階に達した。

(1)　領主的市場経済の発展

幕藩制社会は、すでに一定の市場経済の成立を前提にした社会であった。この市場経済は、主として領主階級の必要に基づく領主的市場経済であり、その発展が直ちには幕藩体制を解体させるものではなかった。しかし、その発展は幕藩財政を窮迫させ、豪商層を成長させ、とくに次の農民的市場経済を誘発することによって、幕藩体制の基礎を掘り崩す役割を果たした。

豪商層につき、より具体的には、①全国的な隔地間商業の発展による三都の豪商の成長、②各藩城下町市場の発展による各藩豪商の成長、③幕府・諸藩の財政窮迫によるこれら豪商層への依存（幕藩政改革に連なる）をあげることができる。

(2)　農民的市場経済の発展

農民的市場経済は領主的市場経済に誘発されて発生するが、その発展は幕藩体制を解体させる性格をもち、とくに、農民の恒常的な商品生産・販売→小商品生産者層の成立→その階層分解による資本家的富農経営の発生、という道筋をたどって、近代的＝資本主義的市場経済の起点となった。

農民的市場経済の具体的な進展をたどると、①余剰生産物の販売から恒常的な商品生産・販売へ、②地域的市場圏の成立と生産地・特産地の形成、③小商品生産者層の成立とその階層分解による小資本家的経済関係の成立、④農村家内工業の小営業的発展と問屋制度との並存、を指摘することができる。

(3)　文政―天保期（一八二〇―三〇年代）の経済発展段階

市場経済の発展は、文政―天保期に新しい段階に達した。それが安政開港前の国内的＝内発的経済発展段階の指標となる。経済発展はいくつかの産業、いくつかの主産地でみられたが、もっとも先進的であったのは、綿業主産地と絹業主産地であった。そこでは、社会的分業の発展と小商品生産者層の階層分解の中から、手工制工場（マニュファクチュア）をもつ小資本家的経営が発生したが、その階層分解には、問屋制・地主制と並存するという限界もみられた。

綿作―紡糸―織布の基本的三工程をもつ綿業の主産地は、畿内と尾西および瀬戸内沿岸地方であった。もっとも先進的な畿内の綿織物業では、社会的分業の発展と農民層分解の中から手工制工場（マニュファクチュア）経営が発生したが、一般に農民層分解は問屋制（賃織）・地主制と並存する初期的段階にとどまった。

桑作・養蚕―繰糸―織布の基本的三工程（および製種）をもつ絹業の主産地は、上州・信州および奥州信達地方であった。絹織物業でも、もっとも先進的な上州・桐生や奥州信達では、社会的分業の発展と農民層分解の中から「豪農マニュファクチュア」が発生したが、一般に問屋制（賃機）・地主制と並存するという限界がみられた。（注3）

二　百姓一揆の高揚と天保の改革

天保期に一つの頂点に達した百姓一揆と都市の打ちこわしの高揚は、国内的＝内発的市場経済の発展の政治上の表現であり、それに対処して行われた天保の改革は、幕藩体制変革のための政治的前提条件を成立させた。

(1)　百姓一揆の高揚とその質的変化

文政―天保期（一八二〇―三〇年代）は、正徳―享保期（一七一〇―三〇年代）、明和―天明期（一七六〇―八〇年代）につぐ百姓一揆の第三のピークであった。注目すべきことは、たんに一揆が量的に増大しただけでなく、その規模が拡大し、その性格が質的に変化したことである。一八三六（天保七）年以後の一揆には大飢饉を契機とするものがあるが、総じて市場経済の発展を反映していた。

一八二三（文政六）年摂津・河内両国一〇〇七ヵ村綿作農民の大訴訟や一八三一（天保二）年長州藩瀬戸内沿岸の未曾有の大一揆は、その規模の拡大を示し、一八三六年の甲斐国の郡内騒動や三河国の加茂一揆は、貧農層が米穀商や酒造業者を打ちこわし、「世直し一揆」の先駆形態をなした。そして、一揆が「村方騒動」（村役人と小前層の対立）と並発するようになった。また、都市貧民の増大と物価騰貴により都市の打ちこわしも高揚し、一八三七（天保八）年には大塩平八郎の乱が発生した。

(2)　天保の幕藩政改革

天保期には、幕藩財政の困難や列強の接近に対処して、幕府・諸藩はあいついで幕藩政改革に取り組んだ。

天保一二―一四（一八四一―四三）年水野忠邦による幕政改革は、享保・寛政の改革につぐ大改革であった。それは、享保・寛政の改革路線を継承して、幕府権力の立て直しをはかった復古的・反動的政策を基調としたが、それにとどまらない新しい政策をふくんでいた。すなわち、倹約令、風俗取締令、棄捐令、人返しの法、江戸大坂周辺上知令と並んで、株仲間の解散（ただし嘉永四＝一八五一年に再興）や兵制改革、西洋砲導入が行われた。

幕政改革に前後して、長州藩・薩摩藩・佐賀藩・土佐藩及び水戸藩などでも藩政改革が行われた。これらの藩政改革も復古的路線を基調としたが、藩政に有能な下級武士を登用し、藩財政の立て直しに成功し、しかも列強の接近に対して洋式軍事力を導入した諸藩は、西南雄藩として台頭してくる。すなわち、長州藩村田清風の改革では、借財整理、専売制改革とともに人材登用を行い、薩摩藩調所《ずしょ》広郷《ひろさと》の改革では、借財整理、奄美三島黒砂糖専売とともに琉球貿易、洋式武器導入を行い、また佐賀藩の藩主鍋島直正の改革では、均田制、陶磁器専売とともに大砲製造所建設を行い、いずれも藩政改革に成功して雄藩として台頭してくる。洋式軍事力を導入しながら藩政改革に失敗した水戸藩は、水戸学に頼ることになる。

第三節　安政の開国（開港）と幕藩体制の崩壊

安政の開国（開港）後、国際的要因に促進されて幕藩体制解体の国内的要因が急速に成熟し、維新政権を成立させていった。

一　安政の開国（開港）と外圧（Western Impact）の性格

(1)　四ヵ国条約

一八五四年の日米和親条約（神奈川条約）の締結につづいて、五五年にかけてイギリス、ロシア、オランダとも和親条約を結んだが、その内容の要点は、①燃料・食料の供給、②難破船の救助、③下田・箱館の開港と領事駐在権の容認、④一方的な最恵国待遇の供与であった。とくに日露和親条約では、下田・箱館の外に長崎も開港し、択捉（エトロフ）島以南を日本領、得撫（ウルップ）島以北をロシア領とする（樺太は両国人雑居とする）国境とりきめも行った。長崎の開港は、最恵国待遇でアメリカ、イギリスに対しても行われた。

(2)　五ヵ国条約

一八五八（安政五）年、日米修好通商条約の締結につづいて、イギリス・オランダ・ロシア・フランスとも修好通商条約を結んだが、その内容はほぼ同じで、その要点は次のようであった。①箱館の外、神奈川（下田に代る）・長崎・新潟・兵庫の開港と江戸・大坂の開市、②領事裁判権の設定（外国人の治外法権）、③自由貿易の承認と協定関税率の設定（関税自主権の欠如）、④最恵国待遇条款の設定、⑤外国貨幣の国内自由流通と内外貨幣の同種同量交換（日本の貨幣主権の侵害）であった。総じて片務的な不平等条約であり、第二次アヘン戦争（アロー戦争）の結果、一八五八年にイギリスと中国の間に結ばれた天津条約と基本的に同じ性格の条約であった。ただし、日本の場合、一般外国人の国内自由旅行を禁じる点だけが異なっていた。

(3)　外圧の性格

基本的に、武力的脅威を背景とした自由貿易の強制であり（「自由貿易帝国主義」）、開港とそれを維持したものは強力な軍事力、イギリス初代公使オールコックの言う「行使されるべき強制手段に対する恐怖と畏敬」であった（まさに日本は半植民地化の危機にあった）。

しかし列強は、「自由貿易の障害」である封建制の解消は望んだが、すでにインド・中国での経験から下層人民の圧力による変革を望まず、直接の軍事力の発動をできるだけ避け、封建制の漸進的改革を望んだ（それが日本が植民地化をまぬがれた外的条件であった）。

二　安政の開港の経済的影響

(1)　外国貿易の急速な発展

安政開港後、輸出・輸入とも急速に増大し、一八五九（安政六）年から一八六五（慶応元）年までの六年間で二〇倍以上に達したが、圧倒的な輸出超過であった。その後輸出が停滞し、輸入が増加して、一八六七（慶応三）年には輸入超過に転化した。

輸出品の主なものは生糸および茶で、他に銅・菜種・綿花・蚕卵紙があった。輸入品の主なものは綿織物と毛織物で、他に綿糸・金属・武器・砂糖があった。

取引相手国ではイギリスが圧倒的地位を占め、他にアメリカ・フランス・オランダ・プロシャがあった。総じて、先進国へ原料・食料を輸出して工業製品を輸入する後進国型貿易であった。

(2)　貿易の従属的形態——外商貿易独占体制

開港場に設定された外国人居留地に外商（外国人貿易商）が商館を設置して日本人商人（売込商・引取商）と取引をする居留地貿易であり、外商が独占的地位をしめ、莫大な商業利潤を獲得した。

また、外国の有力銀行（例えば東洋銀行《オリエンタルバンク》）が横浜に支店を設置し、外国為替業務の独占と貿易通貨（洋銀）の独占的供給を行った。さらに、外国汽船会社（イギリスP&O汽船、アメリカ太平洋汽船、フランス帝国汽船など）が遠洋航路の輸送を独占し、国内沿岸輸送にも進出してきた。

(3)　外国資本の侵入

外国資本の侵入は、生糸など輸出品の生産地での大量買付や売込商に対する資金前貸（売込商の買弁化）と、居留地内での製茶工場などの経営が中心で、イギリス商人グラバーの高島炭鉱経営や造船業（長崎小菅ドック）への進出はあったが、総じて外国資本の日本国内への直接投資は限られていた。

(4)　国際的通貨体制への包摂（洋銀への従属）

当時のアジアは銀貨圏で、貿易通貨は洋銀（メキシコドル）が支配的であり、通商条約の同種同量交換は、洋銀と一分銀との間に適用された（洋銀一〇〇個＝一分銀三一一個）。

ところが、当時の国際的金銀比価が一対一五であったのに対し国内金銀比価は一対四・六五（小判一両は一分銀四枚、ただし実際の国内金銀比価は約一対一〇）という差があったために、金貨が流出し洋銀が流入してきた。

金貨流出・洋銀流入により国内金銀比価が国際比価に近づき、それに対応して幕府は一八六〇（万延元）年の幣制改革で、金貨を悪鋳し金銀比価を国際水準へ平準化し（幣制の国際通貨体制への従属）、時相場通用とした。この貨幣悪鋳は、諸藩の藩札発行と結びついて、急激なインフレーションの主要な要因となった。

三　開港による産業構造の再編

開港による外国貿易の急速な発展は、輸入と輸出の二つの経路を通じて、内発的な国内産業の発展に対照的な影響を与え、産業構造を対外依存的に再編していった。

(1)　国内綿業の破壊と再編

輸入綿製品の国内綿業に対する打撃は、インド・中国に劣らないものであったが、異なった特徴もみられた。インド・中国では都市手工業の壊滅と農村家内工業の存続という形をとったのに対して、日本では輸入綿布の全国的浸透による競争激化という形をとったが、とくに輸入綿布の直接的打撃をうけたのは、三都の市場に依存していた綿業先進地であった。

すでに多くの手工制工場経営を生むほどに農民的商品・市場経済が進んでいた畿内では、専業織屋が在地綿糸商と協力して独自の流通経路を開拓し、また、原料綿糸の輸入綿糸への転換（半唐木綿）と雇用労賃・織賃引下げによる生産費切下げによって輸入綿布に対抗した。こうして先進地綿織物業が輸入綿糸利用（在来手紡の後退）のもとで問屋制家内工業として再編・発展する道が開かれ、後進綿業もその後を追った。

なお、幕末―維新期の砂糖輸入による甘蔗（甜菜）作・精糖業の破壊や石油輸入による菜種作・絞油業の衰退にも、綿業と同様の打撃をみることができる。

(2)　絹業（蚕糸業）の急激な発展

生糸および蚕卵紙の輸出が、フランス・イタリアの微粒子病流行による繭生産激減と清国の太平天国の乱による生糸輸出減少という国際的要因にもめぐまれて、急速に増大し、先進地（古蚕国上州・奥州と新蚕国信州・甲州）を中心に蚕糸業が急激に発展した。

先進地では、製糸業（生糸製造業）が座繰製糸マニュファクチュアと問屋制家内工業が並存して急激に発展し、在地問屋（荷主）が三都の問屋に対抗して、横浜へ直接出荷し、その一部は自ら横浜に出て売込商となった（例えば甲州・若尾）。

製糸業の発展にともない、先進地では養蚕業と蚕種製造業（一部は直接蚕卵紙輸出）も発展し、社会的分業（地域的市場）の発展と農民層分解が進んだ。絹織物業（西陣・桐生など）も発展したが、生糸輸出増による原料糸の不足と価格騰貴に悩まされた。

幕府は一八六〇（万延元）年五品江戸廻送令（横浜直送禁止）により江戸問屋による貿易統制を試みるが、在地問屋・売込商の反対とイギリスの圧力で失敗した。一八六三（文久三）年には横浜鎖港による貿易統制を強行するがこれも失敗した。一八六六（慶応二）年には糸役・種役を設置して出荷統制と課税をはかるが、世直し一揆にあって実効力をもたなかった（信達世直し一揆）。

四　西南雄藩の台頭と明治維新への政治過程

(1)　安政の幕藩政改革

開港による経済的影響が深く浸透する前に、外圧による政治的動揺が安政期に起き、幕藩政改革が行われた。

幕府では、老中阿部正弘によって、幕政改革が行われ、海軍創設・洋学所設立と同時に公武協調・公議政治の方向が打ち出された。

雄藩のうち長州藩では、周布《すふ》政之助によって藩政改革が行われ、新軍事力創設（洋式軍備・農兵取立）・人材登用と同時に豪農層に基礎をおく民産奨励が実施された。土佐藩でも、吉田東洋によって藩政改革が行われ、門閥打破・人材登用、民産奨励と同時に洋式軍備導入と民兵徴募が実施された。これに対し、薩摩藩の島津斉彬による藩政改革は、藩営軍事工業の創設（集成館事業・軍備充実）が中心であった。福井藩の三岡八郎（由利公正）による藩政改革は、殖産基金の貸付による物産繁殖と交易による正貨蓄積をはかる独特なもので、維新後の由利財政の前提となった。

幕府・雄藩とも藩政改革による公武合体・雄藩合議政体化の方向をめざしていたが、大老井伊直弼による独裁政治（安政の大獄）を契機に、雄藩幕政改革派は幕府の開国政策と対立して尊王攘夷運動をおしすすめることになった。

(2)　尊王攘夷運動から討幕運動へ

外国貿易の進展による幕藩体制の危機が進む中で、一八六三―六四（文久三―元治元）年を画期に、尊王攘夷運動が討幕運動へ転換する。

まず、一八六三（文久三）年八月一八日の政変によって、公武合体派政権（幕府内改革派と薩摩藩・会津藩が主導）が成立し、六四年の「禁門の変」によって、長州藩下士層尊攘派が敗退し、第一次長州征討が行われる。同時に生麦事件への報復としてイギリス艦隊の鹿児島攻撃（一八六三年薩英戦争）がなされ、また、長州藩の下関外国船砲撃事件への報復として、一八六四年英・米・仏・蘭の四国連合艦隊の下関砲撃が行われた。それを契機に尊王攘夷派は攘夷論から開国論へ転回し、薩長両藩は外国と接近していった。

こうして長州藩では、尊王攘夷派下士層と豪農・豪商層の同盟による討幕派が形成され、高杉晋作のひきいる奇兵隊など諸隊の結成と一八六五（元治二）年の挙兵を機に藩の主導権を奪取するにいたる。

(3)　新統一政権樹立をめぐる三つのコース

慶応期（一八六五―六七年）に入ると、新しい統一政権の樹立の動きが目立ってくるが、その動向において誰が主導権を把握するかをめぐって、ほぼ次の三つのコースが出現した。

第一に、長州藩に代弁される下士層主導の尊王討幕派、第二に、土佐藩に代弁される雄藩藩主・上士層主導の公武合体派、第三に、徳川慶喜・会津藩に代表される幕府主導の公武合体派、の三つである。

薩摩藩は第二のコースに立ちながら幕府との抗争の中で長州藩に接近し、坂本龍馬・中岡慎太郎の斡旋により薩長盟約が結ばれ、討幕派の主力が形成された。

幕末政争最後の段階は、討幕派の「王政復古」と公武合体派の「大政奉還」との間で争われるが、結局、第一のコースの討幕派と第二のコースの雄藩公武合体派とが結びついて、一八六七（慶応三）

年一二月九日、「王政復古」が成就された。徳川慶喜は「大政奉還」を行い、ここに二六〇余年つづいた徳川幕府は幕を閉じたのである。

（注1）「**マニュファクチュア論争**」について

一九三三（昭和八）年、服部之総は「マニュファクチュア論争」の発端となった幕末＝「厳密な意味でのマニュファクチュア時代」説を次のように提起した。資本主義的世界市場への包摂、資本主義列強による植民地化の危機という同一の外的条件にさらされながら、インドが植民地化し、中国が半植民地化への道をたどったのに対比して、なぜ日本だけが統一国家を樹立して資本主義的発展をとげたのか、その究極の根拠は何か、と。その究極の根拠は、日本がすでに幕末において「厳密な意味でのマニュファクチュア時代」（K・マルクス『資本論』岩波文庫・向坂訳では「本来の工場手工業時代、すなわち工場手工業が資本主義的生産様式の支配的形態だった時代」）であったから、というのである。そして、それを基礎にして、維新変革の担い手である「地主＝ブルジョアジー」が誕生したというのである。

これに対し、土屋喬雄が、幕末においてはなお問屋制家内工業が支配的であったという批判的見解を提起し、ここに「マニュファクチュア論争」が開始された。しかし、封建制の下で萌芽してくる資本主義的生産様式においてマニュファクチュアが支配的であったかどうかが問題であって、土屋の批判的見解は、はじめからそれを理解しない誤った批判であった。一方服部は、マニュファクチュアが資本主義的生産様式において支配的であったことを立証する意図がなく、ただマニュファクチュアが存在することを検出しようとした。こうして論争は不毛に終った。

戦後になって「マニュファクチュア論争」は再燃し、「分散マニュファクチュア」論、「豪農マニュファクチュア」論、「限定された意味でのマニュファクチュア時代」論などの諸説がつぎつぎと登場した。また、西欧経済史学の影響もあって、「藩営マニュファクチュア」や「農奴主的マニュファクチュア」ではなくて、近代的賃労働によるマニュファクチュアが問題にされた。論争の過程において、天保期・畿内の綿織物業先進地帯で富農経営が続出する中でマニュファクチュアが生成していたことが津田秀夫によって立証されるという貴重な成果があったが、結局、堀江英一の小営業段階（幕末の資本主義的生産様式においてはなお小営業が支配的であった）末期説が有力となった。

しかし、もともと、日本と中国およびインドとを対比した服部の設問じたいに問題がはらまれていた。日本が独立しえたのは、列強がインドと中国とでの経験をふまえて、日本を植民地化することを望まなかったからと考えられるし、またとくに、後に論争点になったように日本と中国とが別の道をたどるようになったのは、日本が中国侵略を開始する日清戦争以後であったという有力な批判も成立するのである。

大石嘉一郎『日本資本主義史論』東京大学出版会、一九九九年、第三章「マニュファクチュア論争と寄生地主制論争」を参照。

（注2）「**純粋封建制**」について

K・マルクスは、徳川幕藩体制について「日本は、その土地所有の純封建的な組織とその発達した小農民経営とをもって、多くはブルジョア的偏見によって書かれたわれわれのすべての歴史書よりも、はるかに忠実なヨーロッパ中世の像を示す」（マルクス『資本論』第二四章「いわゆる本源的蓄積」、向坂訳、岩波文庫(3)、三四六頁）と述べている。すなわち、将軍・領主・家臣団の封土領有関係が純粋に封建的な組織をとっていること、それと発達した小農民経営とをもって典型的な封建制となっている、というのである。

このマルクスの指摘に、すでに戦前、平野義太郎は注目していた（平野義太郎『日本資本主義社会の機構』岩波書店、一九三四年、「第四篇資本制生産の発展に関する典據の系統的序列、付、文献」「第一封建制、およびその解体期における日本」三二五頁）。しかし平野は、その『資本論』の指摘を、「『日本は、その土地領有の純粋な封建的組織と発達した矮小農経営とをもって』典型的封建制であった」と訳した上で、こう指摘している。「世界史的規模においても、極めて典型的な封建制であったが、発達せる隷農的零細耕作を基礎とし、各藩が、それぞれ独自の純粋な隷農国家を形成しつつ、斉一に発展し来たった封建制は、アジア的な、しかも、純粋封建制として特徴づけられる搾取諸様式を以て構造づけられていた」（二四五―六頁）と。また、維新変革について、「明治変革によっても変革されず、そのまま継承存続せられるかぎり、アジア的におくれ、生産力の未発展が制約したところの……半封建的零細経営に基く農業生産関係、ひいて、一切の社会構造を決定する半隷農体制が、純粋封建制の妥協的解消形態たる明治勢力の固有な社会的土台を構成した」（二七四頁）と述べている。

つまり平野は、マルクスの言う「小農民経営」が「矮小農経営」であることを強調して、この「アジア的におくれ」た「矮小農経営」を基礎として「純粋封建制として特徴づけられる搾取様式」が徳川幕藩体制であるというのである。しかし、マルクスの述べるところを素直に読めば、将軍・領主・家臣団の封土領有関係が純粋に封建的な組織をとっているというのであって、徳川幕藩体制の全体の構造が純粋封建制であるとは決していっていないのである。また、小農民経営についても、マルクスは、あえて「発達した小農民経営」といっているのであって、平野のように「アジア的におくれた矮小農経営」とは決していっていないのである。

（注3）**藤田五郎の「豪農マニュ」論**

服部之総により、幕末＝「豪農マニュ時代」説があらためて提唱され、幕末経済発展段階をめぐる「マニュ論争」が再開された。論争には、さまざまな説が登場したが、マニュ段階説を理論的かつ実証的に論証したのは藤田五郎であった。大石嘉一郎「藤田五郎の『豪農マニュ』論」（『日本資本主義史論』第四章）を参照。その後藤田は、豪農の果たす役割の重要性を強調しながら、「豪農マニュ」段階説を自ら放棄し、結局、堀江英一のいう「小営業段階末期」説が支配的となった。

第二章　明治維新と資本主義社会の形成

内外の危機が激化する中で成立した維新政権にとって、最大の課題は幕藩体制を解体して新たな統一国家を樹立すること、その新政権の財政的基礎を確立することであった。一八七一（明治四）年七月廃藩置県によって統一国家の樹立に成功した新政府は、その課題を達成するため、次々と開明的な近代化政策を打ち出した。その中で資本主義社会の形成にとってもっとも重要な意味をもったのが、秩禄処分・地租改正と殖産興業・通貨信用制度の創設であった。

第一節　秩禄処分と地租改正

秩禄処分（領主的土地所有の解体）と地租改正（農民の土地私有権の公認）とは本来盾の両面をなすものであるが、秩禄処分と別個に地租改正が新政権の財政的基礎を確立するための租税制度改革としてなされた。それが可能であったのは、幕藩体制の集権的性格（とくに武士階級の在地性喪失）によるものである。

一　秩禄処分

廃藩置県で新政府の財政に統一された武士階級の家禄（および賞典禄）は、一八七三（明治六）年秩禄奉還の法と、一八七六（明治九）年金禄公債証書発行条例と、大きく二段階を経て有償で償却された。

(1)　秩禄奉還の法

まず秩禄奉還の法では、家禄一〇〇石未満の下級武士に対し家禄奉還を許し、出願者に家禄六年分を現金および秩禄公債で一時に交付した（それは一八七四年一一月以降一〇〇石以上の者にも適用された）。同時に同資金で官林荒蕪地の低価払下げをうけ帰農する道を開き、また家禄税を設け（賞典禄は課税免除）、上層ほど累進的に高率の税を課した。

以上の処置によって、家禄支給高・家禄受給士族人員ともに約二〇％減少した。

(2)　金禄公債証書の発行

金禄公債証書発行条例は、地租改正の進展による政府歳入の金納化にともなう家禄・賞典禄の金禄制への転換を前提に、一八七六（明治九）年八月公布された。これにより、すべての華士族はこれまでの家禄支給が廃止され、代りに家禄（金禄）の五―七・五年分の額の公債（年利五―七分）が交付されることになった。こうして家禄は政府によって有償買収され、従来の領主・家臣団は公債利子取得者に転じたのである。

(3)　秩禄処分の結果

秩禄処分は大部分の士族に大きな経済的打撃を与え、一八七八（明治一一）年金禄公債の売買譲渡解禁とともに、公債の多くが困窮した士族の手から離れていった。そのために、士族層の政府への不満がうっせきし、これが士族層の自由民権運動への道を切り開くことになる。

しかし、旧領主＝華族層に対しては、彼らの公債を資本として第十五国立銀行を設立し、これに特別の保護を与えるなどの配慮を加え、彼らの「皇室の藩屏」としての地位を保障した。

また政府は金禄公債発行と同時に国立銀行条例を改正し、公債抵当による国立銀行の設立、銀行券発行を認め、公債の資本への転化をはかった。こうして一八八〇年全国立銀行株総額の約四二％は華族の所有するところとなった。

二　地租改正

土地制度改革（農民保有地の私有権公認）と租税制度改革（旧貢租の金納地租への転換）の両面をもつ地租改正は、新政府の財政的基礎の確立を最大の課題として、一八七二（明治五）年土地永代売買解禁、農民保有地への地券（壬申地券）の交付（士族層の地主化をはかる禄権法・帰田法の中止）を前提に、一八七三年七月地租改正条例・地租改正施行規則の公布により着手され、ほぼ一八八一（同一四）年に完了した。

(1)　形式上の近代性と内容上の旧貢租の継承

地租改正の基本は、新土地所有者を納税義務者とし、全国一律の基準で決定された地価を課税標準とし、全国一律の貨幣納（当初、地価の百分の三）としたことである。

地価の算定は、地方官心得に示された次の「検査例」（本文を数式化）を基準としたが、この算定法は、近代的形式をとりながら旧貢租を維持するよう巧妙につくられたものであった。

(1) 第一則（自作地の場合）$\underset{\text{地価}}{P} = \left(\underset{\text{収穫代金}}{X} - \underbrace{\underset{\text{種子肥料代}}{\frac{15X}{100}}}_{\text{Xの15\%}} - \underbrace{\underset{\text{地方費}}{\frac{P}{100}} - \underset{\text{地租}}{\frac{3P}{100}}}_{\text{Xの34\%}} \right) \div \underset{\text{利子率}}{\frac{6}{100}}$

Xの34％……Xの51％（自作農取分）

(2) 第二則（小作地の場合）$\underset{\text{地価}}{P} = \left(\underset{\text{収穫代金}}{X} - \underbrace{\underset{\text{小作人取分}}{\frac{32X}{100}}}_{\text{Xの32\%}} - \underbrace{\underset{\text{地方費}}{\frac{P}{100}} - \underset{\text{地租}}{\frac{3P}{100}}}_{\text{Xの34\%}} \right) \div \underset{\text{利子率}}{\frac{4}{100}}$

Xの34％……Xの34％（地主作徳）

すなわち、地価は収益を利子率で資本還元した形式をとっているが、自作地と小作地とで利子率が異なっており、自作地の経費は低く抑えられ、小作料（地主作徳プラス国家取分）六八％さえ過大に見積もられている。むしろ小作料は地租改正を契機に事後的に六八％に近づける動きがみられた。

実際の地価の決定は、主として第一則によって実施されたが、それも「検査例」そのままでなく、地位等級方式という独特な方法によって実施された。

(2)　土地面積の丈量と地価の決定（増反と増税）

土地面積の丈量、とくに地価の決定は難航した。地価の決定にはまず各村に総代人を設け、数ヵ村の模範村組合を設定し、模範村のモデル調査を基準にして、すべての耕地の収穫高を十数段階の地位等級（田は収穫米、畑は収穫麦基準）にはりつけ、それに過去五年間の石代相場を掛けて決定するという方法をとった。さらに各村の地価を県段階における総代人会議において調整した。

しかし、こうして積み上げた各県の地価がそのまま政府によって認められたわけではない。旧貢租を維持するために、政府の内示額に達するよう修正を強制されたのである（押付け反米）。「官の見据は少しも動かず、縦令富士山が崩るるとも見据は変せず、……之を受けざるものは朝敵なり、故に外国に赤裸にして追放すべし」――石川県令桐山は政府査定額を村総代につきつけてこう威嚇した。

(3)　地租改正反対一揆と減租詔勅

実際の改租事業は、山口県などの例外を除き、容易には進行しなかった。それは政府部内の華士族層の反対があったからで、家禄支給の廃止が決定的となり、一八七五（明治八）年地租改正事務局が設置されてはじめて本格化した。しかも、七五―七六年中一斉実施の政府の予定も、士族と農民の両側からの反抗にあって一時中断され、一八八一年にようやく完了した。

とくに政府の改租事業を一時中断させたのは、農民一揆の勃発であった。七六年の和歌山、三重・度会、茨城の農民一揆は、その統一的指導の欠如にもかかわらず、全国に波及する可能性をもっていた。茨城の農民一揆を契機に政府は翌一八七七年一月、税率を地価の二・五%に軽減する詔勅を発することを余儀なくされた(〝竹槍でドンとつき出す二分五厘〟)。

しかし、関東八州の実態に即してみると、これによって地租が軽減されたわけではなく、この後進展した改租事業の結果は旧貢租を上回るものであった。そのため各村では延納願を提出している。地租改正総代人会議で政治進出の機会を得、地租改正反対一揆で農民のエネルギーを体得した豪農層は、自由民権の指導者として登場してくる。

(4) 地租改正の結果

地租改正は、一般的にいって、高率金納地租によって農民の商品生産者化を強制するもので、農民の階層分解、とりわけその地主・小作分解の契機となり、寄生地主制の全国的拡大の方向を決定した。

概して、すでに寄生地主制が形成されつつあった先進地帯では、地主的土地所有を保障し、より強固にしたと同時に、小作経営での商品生産の発展を抑圧した。改正による地租の増加は、地主層が組織的に行った小作関係改編・小作料増額によって小作人へ転嫁され、小作経営を圧迫した。

名子制度などの農奴主的地主経営の残存していた後進地帯では、地頭・名頭層を土地所有者として確定し、旧制度を温存すると同時に彼らの寄生地主への転身を方向づけた。

また勤王雄藩の知行地をもつ武士・郷士層は、知行地の大部分が農民保有地とされて体制的には地主への転化が阻止されたが、鹿児島藩など一部の地域では、妥協的に彼らの知行地の所有が認められて地主化が可能とされた。

それ以外の大部分の中間地帯では、なお自営小農民が支配的であり、領主制下の不安定な質地小作あるいは村役人特権を通じた土地集積によって、村方地主（質地地主）が発生していたが、改正による高率金納地租の負担と、同時に行われた質地規制の明確化とによって、質地小作の安定化とそれによる土地集積の拡大の方向をつくり出した。もっとも、改正当時は、旧質地の所有帰属をめぐる紛争を通じて、旧質地小作地面積の減少をもたらした地方もあった。質地による地主・小作関係が全国的に拡大するのは「松方デフレ」を通じてである。

第二節　殖産興業と通貨信用制度の創設

維新政権による殖産興業政策の特徴は、「富国強兵」を第一の目的として、軍事機構確立のための官営軍需工場の整備と、その基礎としての「政治的必要」に基づく鉱工業と運輸・通信部門への近代的技術の導入を中心とし、さらに広く輸入防止・輸出振興のために民間産業の保護育成が図られた点にあった。

それと同時に、その殖産興業のための産業資金の安定的供給を課題として、早くから近代的通貨信用制度の創出がはかられた。その総仕上げが「明治一四年政変」による大隈財政から松方財政への転換、深刻な「松方デフレ」であり、それに立ち向ったのが、自由民権運動であった。

一　殖産興業政策の展開

明治初期の由利公正による、福井藩の経験を基にした殖産政策は失敗に終り、外商に対抗するため通商司により設立された通商・為替会社も活動不振に陥った。殖産興業政策は、その後をうけて大隈重信の主導のもとに一八七一（明治四）年廃藩置県前後から開始される。

(1)　殖産興業の時期区分

殖産興業政策の展開は、ほぼ三つの時期に分けられる。

第一期は、一八七〇年設立の工部省主導の時期であり、同省による①鉱山の官収と整備、②鉄道の建設、③工作分局と造船所への外国技術の導入を中心とし、幕藩営洋式軍需工場を官収した陸海軍省所管の軍工廠の整備も開始される。

第二期は、一八七三年設立の内務省主導の時期であり、①西洋農法の導入と模範工場設立による紡績・製糸への機械制工場生産導入、②輸入防止のための綿糖二部門の民業奨励を中心とする。同時に、工部省所管の電信網事業が新たに展開され、また、陸海軍省所管の軍工廠の軍器生産も進展する。

第三期は、一八八〇年の「工場払下概則」の公布と、翌八一年の農商務省の設置を画期とする時期であり、「保護奨励」から一般的「誘導」へ政策転換が行われる。八五年には工部省が廃止された。

(2)　官業払下げと軍工廠の拡充

大隈重信はもともと民間産業が勃興したら官業を払い下げることを考えていたが、官業払下げは、

「工場払下概則」の公布を促した大隈の建議「三議一件」にみるように、直接には官業経営の赤字による財政逼迫の克服を課題とした。しかし、「工場払下概則」は払下げ条件が厳しくて実効をあげなかったため、一八八四年に廃止され、それ以後、払下げ代金の無利息・長期年賦方式など条件を緩和して行われた。こうして、実際の払下げは、一八七四年高島炭鉱の後藤象二郎への払下げ（のち三菱へ譲渡）を例外として、一八八四年以降本格化し、一八九六年の佐渡・生野両鉱山の三菱への払下げをもって一応終了した（表1）。

払受人は、三井・三菱をはじめ、主として当時の政商であり、払下げは政商の財閥への転化の基礎となった。ただし一八八八年の三池炭鉱の三井（佐々木八郎は三井の名儀人）への払下げにみられるように、後年の払下げには払下げ価格の高価なものがみられた。

注目すべきは、陸海軍工廠をはじめ、軍事・造幣部門、精錬冶金部門、通信印刷部門などは、払下げ対象からはずされていたことである。そして、この軍事部門は後の松方財政下での軍拡政策によって強化され、たとえば一八八〇年に創製された陸軍工廠の村田銃による陸軍編制が日清戦争の基礎となったように、日本資本主義の軍事的再編成に大きな役割を果たした。

(3)　民間産業の保護育成

官業と並行して、輸入防遏・輸出振興のための民間産業の保護育成が廃藩置県後進められるが、それが本格化するのは官業払下げ以後である。その主要なものは、①鉄道における日本鉄道会社（一八八一年華族団体により設立、八四年東京—高崎・九一年東京—青森間開通）に対する保護（敷地無償

表1　官業払下げ条件

払下年月	物　件	財産評価額	払下価格	払受人	条　件
1874.12	高島炭鉱	一円	550,000円	後藤象二郎	20万円即納，残7年賦，利子6朱，1881年三菱へ売却
82. 6	広島紡績所	—	12,570	広島綿糸紡績会社	
84. 1	油戸炭鉱	17,192	27,943	白勢成熙	1万円払，残13年賦
84. 7	中小坂鉄山	24,300	28,575	坂本弥八他	
84. 7	深川セメント		61,741	浅野総一郎	25年賦
	梨本村白煉化石	67,965	101	稲葉来蔵	
84. 7	深川白煉化石		12,121	西村勝三	25年賦
84. 9	小坂銀山	192,003	273,659	久原庄三郎	20万円25年賦，他16年賦
84.12	院内銀山	72,990	108,977	古河市兵衛	0.25万円即納，3.4万円10年賦，7.25万円5年据置29年賦
85. 3	阿仁銅山	240,772	337,766	古河市兵衛	1万円即納，8.8万円10年賦，24万円5年据置24年賦
85. 5	品川硝子	66,305	79,950	西村勝三 磯部栄一	5年据置55年賦
85. 6	大葛金山	98,902	117,142	阿部潜	10.3万円15年賦，1.4万円3年賦
86.11	愛知紡績所	—	—	篠田直方	
86.12	札幌醸造所	—	27,672	大倉喜八郎	
87. 3	紋鼈製糖所	—	994	伊達邦成	
87. 6	新町紡績所	—	150,000	三　井	
87. 6	長崎造船所	459,000	459,000	三　菱	1.2万円納付済，52.7万円即納
87. 7	兵庫造船所	320,196	188,029	川崎正蔵	
87.12	釜石鉄山	733,122	12,600	田中長兵衛	年賦
88. 1	三田農具製作所	—	33,795	岩崎由次郎他	
88. 3	播州葡萄園	—	5,377	前田正名	
88. 8	三池炭鉱	448,549	4,590,439	佐々木八郎	100万円即納，残15年賦（佐々木は三井の名儀人）
89.12	幌内炭鉱・鉄道	—	352,318	北海道炭鉱鉄道	
93. 9	富岡製糸所	—	121,460	三　井	
96. 9	佐渡金山	445,250	1,730,000	三　菱	
96. 9	生野銀山	966,752			

小林正彬「近代産業の形成と官業払下げ」（『日本経済史大系5 近代上』p.324－5等より作成.

貸下げ・国税免除・利子補給など、その成功は各地の鉄道資本の成立を誘発)、②陸運における陸運会社(一八七三年)―内国通運会社(七五年)の監督と保護独占、③海運における三菱会社に対する保護(一八七四年台湾出兵・七七年西南戦争の軍事輸送を通じ、船舶下渡・助成金・貸下金、その一八七五―八三年間の計八百万円余、三菱財閥形成の要因)、④綿糸紡績業における二千錘紡績機の輸入―払下げ(無利息一〇年賦)による一〇紡績所(一八八〇―八四年、旧綿業地の地主・問屋商人設立の玉島紡など一〇社)の保護、⑤製糸業における古蚕国福島・群馬などの器械製糸会社の設立保護(地主・問屋商人によって設立、勧業資本金・土地貸与、経営指導等の保護)、である。

以上、主として特権的地主・商人資本ないし華族資本の産業資本への転化を助成するものであった。紡績の一〇基紡と製糸の器械製糸会社はいずれも経営破綻をきたし、発展しなかったが、その技術は産業革命に重要な契機を与えた。

二　近代的通貨信用制度の創出

殖産興業の基礎としての「金融の疎通」、そのための近代的通貨信用制度の樹立は、外国資本からの要請もあって、すでに一八六九年大隈重信の登場の時から問題とされたが、本格化するのは一八七一(明治四)年新貨条例による鋳貨の統一、七二年国立銀行条例・翌年金札引換公債条例の制定による兌換券発行以後である。

(1)　新貨条例の制定

政府は、一八七〇年に作成した国際通貨制に連結させて銀本位制をとる案を、当時アメリカに派遣されていた伊藤博文の建議によって変更し、一八七一年五月新貨条例を制定公布した。

新貨条例は、欧米先進国が金本位制に移行しつつある現状に着目し、一アメリカドルと同位同量の一円金貨を原貨とする金本位制を採用したが、同時に現実的措置として当時アジアで流通していた香港ドルと同位同量の一円銀をも鋳造して通用を認め、事実上金銀複本位制をとった。この現実的措置によって同条例はイギリスほか諸外国の了承をうることができたのである。

新貨条例の制定によって、わが国幣制は国際通貨体制のなかに開放され、国内においても統一的整備がもたらされた。

(2) 国立銀行条例の制定と改正

政府は殖産資金の供給と政府紙幣の償却を推進するため、一八七二(明治五)年、国立銀行の設立を企図し、アメリカのナショナル・バンク制度にならい、国立銀行条例を制定した。

この条例では、国立銀行は五人以上の株主による株式会社とし、資本金の六割の政府紙幣をもって金札引換公債証書を購入し、大蔵省に預け入れ、これと引換えに同額の兌換銀行券を発行する。一方、資本金の四割を正貨をもって払い込み、これを兌換準備にあてる。つまり、兌換銀行券の発行を意図したのである。

しかし、この構想は所期の成果をあげえなかった。設立されたのは、第一・第二・第四・第五の四国立銀行にとどまり、しかも兌換銀行券は発行されるやたちまち兌換請求をうける有様で、国立銀行は営業資金の不足をきたし、営業不振におちいったのである。

国立銀行の営業不振に加えて一八七四年末、為替方の小野組・島田組があいついで破産し、そのため金融事情がきわめて悪化し、地租改正事業や殖産興業政策が深刻な打撃をうけた。

こうして政府は、国立銀行の請願をいれ、一八七六年八月、銀行券の正貨兌換を中止し、金融疎通をはかるため国立銀行条例を改正するにいたった。

主な改正点は、銀行券の正貨兌換をやめ通貨兌換とすること、資本金の八割を公債証書をもって供託し、同額の銀行券を発行すること（抵当公債には金禄公債などをふくむ）、資本金の二割を通貨をもって引換準備とすることにあった。こうして国立銀行による兌換券発行政策は大きく後退したが、その背景には同年の華士族の家禄処分のための金禄公債証書発行条例の制定があった。

この改正によって国立銀行はきわめて有利な事業となり、一八七九年末までに一五三行が設立された。これらの国立銀行の多くは、金禄公債出資の「士族銀行」であったが、製糸業や米作の発達した地帯の国立銀行には、地主・商人が設立し荷為替業務を行う銀行もあった。いずれにしても、国立銀行による不換銀行券の発行は、のちにインフレーションの一要因となった。

三　大隈財政から松方財政へ

(1)　インフレの高進と財政危機

明治初年以来徐々に進行しつつあったインフレーションは、一八七七（明治一〇）年西南戦争に際しての不換紙幣・不換銀行券の増発をきっかけとして著しく高進し、一八七九―八〇年には財政経済の危機をもたらすに至った。

一八七七年から八〇年にかけて、紙幣が膨張したため紙幣価値（対銀貨価値）が約六〇％下落し、物価は騰貴し、とくに米価は約二倍に高騰した。金利も高騰し金融が逼迫したため、資金が生産的に機能せず、流通過程での投機が盛んとなった。こうして、一部の商人や地主は大儲けをしたが、賃金生活者・小作農や下級士族の生活は困難となった。

それだけではなく、政府にとって問題だったのは、財政困難と国際収支の悪化をもたらしたことであった。すなわち、インフレが財政収入の実質的価値を低下せしめ、それに比して財政支出が増加し、それをさらに官営事業の経営困難が増幅せしめて、財政困難におちいった。また、輸出が停滞し輸入が増大して輸入超過が激しくなり、正貨流出高は七七年から八〇年までの四年間で三〇〇〇万円をこえ、そのため政府の保有する正貨は涸渇し、八〇年末には紙幣流通高のわずか五・七％になった。

このような財政経済の危機は、広範な国民に危機意識をおこさせ、それぞれの立場に応じた政策的提言と行動とをひきおこしただけでなく、折から高揚した自由民権の国会開設運動とあいまって、明治政府の政権担当者をして国家的な危機を意識させた。参議佐佐木高行は、「日本も明治十三年で滅亡か」と悲痛な感慨を書き残している。もはやインフレの収束―財政整理は不可避の課題となった。問題は、それをどのような方法で行うかにあった。

(2) 大隈重信の紙幣整理

紙幣整理に着手したのは、当時政府の財政の実権者であった大隈重信であった。大隈はまず、西南戦争以後のインフレの進行にそなえて、一八七八（明治一一）年八月、「公債及び紙幣償還概算書」をつくり、内外公債および不換政府紙幣の全部を償却する計画をたてたが、インフレが一層進行したため、翌七九年六月この計画を改定し、新たに償却期間を短縮した「国債紙幣償却方法」（いわゆる「減債方案」）をつくった。この方案が一八八〇年九月からの紙幣整理の基礎となった。

しかし、この計画を実施に移す過程で財政危機が激しさを加えたため、このほかに、官業払下げによる財政負担の緩和、横浜正金銀行の設立による金銀貨騰貴の抑制と輸出金融の増進、国庫支弁経費の地方財政への転嫁や間接税の増徴による紙幣償却原資の増加などをはかった。そして、それとともに、外債五〇〇〇万円を募集して一挙に紙幣の償却をなしとげようとする建議（一八八〇年五月）を提出した。他のすべては実行に移されたが、その外債募集による一挙償却案は、政府部内の保守派官僚や松方正義の猛烈な反対にあい、自己の配下の佐野大蔵卿の反対をも受けて拒否され、大隈の威信は急速に低下していった。

大隈に残された方策は、租税増徴と歳計節約および輸出増進による正貨獲得によって、できるかぎりの紙幣償却を行うことであった。一八八〇年から八一年にかけての一連の行財政改革（とくに官業払下げや農商務省設置）と紙幣償却はその表現であり、合計一千余万円を紙幣償却のために計上した明治一四（一八八一）年度予算は、大隈の最後の努力であった。

大隈は、北海道開拓使官有物払下げ事件に対する広範な世論の反対のなかで起きた一八八一年一〇月「明治一四年政変」——立憲政体の早期成立を主張する大隈一派の排除と薩長藩閥政権の樹立——によって下野するが、それはもはや時間の問題であった。

(3) 松方正義の紙幣整理

松方正義が大隈からは独自の財政政策を提示するに至るのは、外債募集による一挙整理案が斥けられて大隈の威信が失墜する一八八〇年六月からである。それは「財政管窺概略」(一八八〇年六月)と「財政議」(一八八一年九月)の二つの建議に示されているが、そこに示された松方の現状認識と紙幣整理政策は、大隈のそれとそれほど異なるものではなかった。

大隈は、当時の財政経済危機の中心的現象を金銀貨=洋銀相場の騰貴に認め、その原因を《金銀貨騰貴←正貨欠乏←正貨流出←輸入超過←国内産業の未振起と関税自主権の未確立》に求めた。そのため彼が固執した基本政策は輸出を増進する殖産興業政策であり、彼の行った金銀貨騰貴の抑制策はもちろん貨幣償却さえ、彼にとっては一時便宜の政策であった。しかし事態の急進におされ、また正貨通用制を本来の制度と考えていたために、紙幣償却の計画を次々と早めていった。

これに対し松方は、財政経済危機の中心的現象を正貨欠乏による紙幣下落に認め、その原因を《紙幣下落←正貨欠乏←正貨流出←貿易収支の逆調←国内物産の未繁殖←金融梗塞←貨幣信用制度の未確立》に求めた。この論理は、前の大隈の論理とほとんど軌を一にするもので、財政危機の中心的現象を正貨欠乏による紙幣下落に認めた点と、貨幣信用制度の確立を重視した点が、松方の大隈と異なるところであった。松方は紙幣下落を正しく紙幣増発に認めて政府の責任を追及しつつあった自由民権派の論理には、むしろ批判的であった。

松方が大隈をもっとも批判した点は、外債募集による一挙整理案が「始めに易くして終りに難し」ということであり、紙幣整理についてはむしろ「漸次減却し尽すの法」を提唱した。実際にも『自由新聞』が鋭く批判しているように、松方が初めて自ら作成した明治一五（一八八二）年度予算では、紙幣償却費は前年度予算より三七〇万円減少している（このように、紙幣償却は漸進的であったが、同時に予備紙幣と国立銀行券の整理を行っている）。

(4)　紙幣整理と財政軍事化の並進

松方の政策の特徴は、「貨幣運用の機軸」としての中央銀行および貯蓄銀行・勧業銀行を創設し、金融の分業・強化による殖産興業の促進と財政整理とを両立させて富国強兵の実をあげることであった。紙幣整理に即していえば、大隈のように紙幣の全額償却をはかるのではなく、紙幣整理と並行して正貨準備の増大をはかり、正貨準備の一定の充実をまって兌換銀行券制度を立てること、その兌換券の発行を中央銀行に集中することであった。

松方の紙幣整理事業は、一八八二（明治一五）年六月日本銀行条例の制定による日本銀行の創設とその開業（同年一〇月）、一八八三年五月国立銀行条例の改正による国立銀行と同銀行券の整理、そして一八八四年五月兌換銀行券条例の制定による翌八五年五月日本銀行兌換銀券の発行（金銀複本位制、実質は銀本位制）を最後のしめくくりとして完成した。この間に流通紙幣量の急激な減少、紙幣価値の安定、正貨準備の増大と準備率の上昇がみられ、インフレーションの危機は回避されたが、それは同時に激しいデフレーションの過程であった。

一八八一(明治一四)年政変後の薩長藩閥政権下の松方財政を特徴づけるもう一つの側面とは、天皇制国家の軍事機構を拡充・強化するための財政の軍事化であった。松方は紙幣整理と財政の軍事化を並進させることに努力したのである。

財政の軍事化の画期をなしたのは、一八八二年末に計画された最初の軍備拡張計画であった。この計画は、一八八三年度から九〇年度までの八ヵ年にわたる総額六七四〇万円におよぶ大々的な計画で、一八八二年の朝鮮事変(壬午の変)を「禍を転シテ福ト為ス機会」(内閣機密意見)として利用し、従来の内地防禦を主眼とする体制から大陸作戦を目標とする軍事編成への転換を基礎づけたものである。しかも、欽定憲法や地方自治制の制定と同様に、一八九〇年の国会開設の前に完遂することを目標としていた。

この計画の財源を捻出するために、酒造税・煙草税を再増税し、仲買人税を新設したが、なお不足をきたし、八五年に醬油税・菓子税を新設した。またこの計画のために軍事費は八二年以降急激に増加し、同時に強化された抑圧体制強化のための警察費の増加とあいまって、軍事警察費は一八八二―八五年に歳出合計の約三〇%に達した。紙幣整理による不況とこの増税とが重なって、人民の困窮をより激しいものにしたのである。

人民の困窮がいかに甚しいものであったかについては、当時の政府や新聞の視察報告が余すところなく伝えている。たとえば、『郵便報知新聞』明治一八年六月二四日の加藤政之助「埼玉県惨状視察報告」は、「……比企、横見両郡の人民世間不景気に沈み且物価の下落せる為めに、其収入を減じて諸税諸懸りの負担に堪えざるが為め、近年来非常に各自負債を増加し、其高頃日驚くべきの巨額に登り……両郡内百五十万円弱、一戸一百余円の負債……」と述べている。

とくに注目すべきは農民の疲弊で、一八八三年から九〇年までの間に、地租・地租割の滞納のために強制処分を受けた農民は三六万七千人に達し、そのために四万七二〇〇ヘクタールの土地が競売にふされた。広範な農地が地主・高利貸の手に集中され、多くの農民が小作貧農へ転落していった。こうして形成された地主制下の小作貧農から析出される賃労働こそ、その後の産業資本形成の基礎となったのであり、その意味で、松方財政は日本資本主義の軍事的・半封建的性格をその初発において規定したものであった。

第三節　民間産業の勃興

(1)　農民的小商品生産の発達

殖産興業政策の展開の下で、すでに維新前から商品経済が発達していた先進地域だけでなく、より広範な地域に商品経済が展開していった。当時の商品生産の動向を示すのは、一八七四（明治七）年から行われた「物産表」の調査であるが、それによると有利な商品作物への転換と拡大、特定商品作物への集中化傾向がみられる（表2参照）。たとえば福島県の場合でみると、中間地域の田村・耶麻二

表2　主要工業県の生産状況

府県	工産物価額／総生産価額	工業有業人口／総有業人口	生産価額／有業人口	農林水産物価額／農業有業人口	上位工産物生産価額比率										
					第1位		第2位		第3位		第4位		第5位		計
	%	%	円	円		%		%		%		%		%	%
大　阪	65.4	11.0	40.60	47.90	食品	7.8	織物	7.5	陶器	6.2	器具	6.2	油類	4.3	32.0
京　都	53.5	10.4	51.70	45.70	染物	15.2	織物	13.0	醸造	5.5	手間物	2.5	金属細工	2.3	38.5
東　京	48.6	14.2	12.91	46.60	履物	6.3	化粧具	5.7	醸造	4.7	指物	3.4	雑貨	3.4	23.5
栃　木	43.1	5.4	22.50	15.15	織物	24.9	醸造	11.7	油類	1.6	生糸	1.4	食品	0.4	40.0
相　川	37.3	1.6	9.42	8.59	食品	17.7	醸造	8.3	縄	3.0	油類	1.7	織物	1.6	32.3
若　松	36.3	6.1	16.25	12.32	醸造	12.0	油類	2.7	織物	2.3	生糸	2.0	食品	1.8	20.8
埼　玉	35.7	3.2	19.10	14.64	織物	11.9	醸造	11.4	木綿糸	2.5	油類	2.1	生糸	1.5	29.4
筑　摩	35.2	3.0	17.47	12.69	醸造	9.7	生糸	8.0	織物	7.0	鉱物	2.2	紙	1.8	28.7
広　島	33.5	4.2	13.00	11.09	醸造	8.1	織物	5.6	鉱物	5.5	食品	3.6	油類	1.4	24.2
水　沢	32.9	2.5	15.67	15.67	食品	13.3	醸造	7.8	生糸	4.3	藤竹器	1.6	縄	1.3	28.3
愛　媛	32.4	2.4	19.27	17.82	醸造	10.6	織物	5.1	紙	3.8	鉱物	2.5	蝋	1.9	23.9
敦　賀	32.2	5.8	25.50	26.74	金属細工	4.3	織物	3.8	鉱物	2.3	油類	2.1	醸造	6.7	19.2
置　賜	32.0	3.2	30.06	25.00	醸造	8.4	生糸	7.1	食品	5.1	織物	4.3	文房具	2.3	27.2

古島敏雄「諸産業発展の地域性」(『日本産業史大系・総論篇』東京大学出版会) p.284 より．原資料は『明治七年府県物産表』など．

郡（両郡とも自由民権運動が興隆した地域）では、繭と生糸の拡大が進み、その生産額が一八七七年から八〇年までのわずか三ヵ年の間に、実に二倍以上に拡大している。その他の中間地域の諸郡でも、それぞれ繭・葉煙草・製茶・楮皮・蒟蒻・薬用人参等の有利な特定商品作物が急速に増大し、若干の特定商品作物への専門化傾向がみられる。それは、農民的小商品生産の自生的発達を意味するものであった。

(2)　工場生産の発達

明治初期の代表的な工場生産の発達は、生糸輸出の拡大に対応した器械製糸工場の創設であり、それがもっとも進んだのは新蚕国の長野県であった（表3参照）。そこでは、片倉組など後に日本の蚕糸業界を代表する製糸会社が続出したことでよく知られている。ここでは、群馬県とともに古蚕国を代表する福島県の場合についてみておこう。

表3　器械製糸場の分布

県名	1879年6月		1888年
	製糸場数	釜　数	器械釜数
長　野	358	8,072	11,418
岐　阜	143	3,216	6,391
山　梨	80	2,613	7,112
福　島	10	472	(178)
群　馬	11	287	(774)
山　形	11	(274)	2,565
愛　知	6	(112)	2,233
全国計	666	16,856	37,301
上位3県	581	13,901	24,921
近畿以西	21	708	1,552

石井寛治「産業資本2絹業」（大石嘉一郎編『日本産業革命の研究』上）による．原資料は勧農局『第4回年報』，『日本全国生糸臨時調書』（農商務省調査か．東京大学経済学部所蔵）．

福島県では、養蚕業の保護奨励策と並行して、一八七三（明治六）年から県官によって器械製糸会社の設立がはかられた。一八七三年から七八年にかけて創設された二本松・喜多方・川俣・白河の各製糸会社がこれである。もっとも大きい二本松製糸会社（当初資本金五〇〇〇円の株式会社）は、政商小野組（当時福島県の為替《かわせ》方《がた》）と二本松の豪商安斎宇兵衛（生糸商・味噌醤油醸造家）を中心に、朝倉宗三郎・遊佐金之丞・紺野半十郎・本間忠蔵・木村半兵衛・佐藤庄助などの二本松の商人が参加して、多額の政府資金の貸下げ、敷地（旧二本松城址）の払下げを受け、県の保護のもとに、水車を動力とする一二人繰器械四台（繰糸手伝一二人を加えて九六人繰、七八年には一六八人繰となる）をそなえ、技術を模範工場である富岡・築地などの製糸場から学び（技師・師婦の招聘）、おもに没落士族の婦女子を女工に雇用して一八七三年六月に開業した。喜多方製糸会社は、喜多方町の旧郷士・豪商小荒井小四郎により、小野組・古河の資金援助のもとに、白河製糸会社は、郷士・大庄屋で藩財政改革に参加して五〇石扶持の士族に列せられた家柄の商人・酒造業者岩淵重質を中心に、同じく古河の援助のもとに、また川俣製糸会社は、伊達郡南部の絹織物生産地の川俣・飯野などの絹織物商・醸造家たちの協同によって、いずれも政府の勧業資金の貸下げを受け、県の保護のもとに創設された。これらの器械製糸会社は、地元の織布会社とむすぶ川俣製糸会社をのぞき、いずれも生糸の直輸出を行うが、小野組の破産により動揺し、それが県の援助によって再興・維持されるや、さらに明治一〇年代後半（一八八〇年代前半）の不況にあって衰退または倒産におちいる。二本松製糸会社は社員山田脩（旧二本松藩士）によって座繰工場双松館《そうしょうかん》として再編され、喜多方町の商人・金貸資本家平田次七・関本与次平を中心に、戸長山岡重固の監督下に再興された喜多方製糸会社だけがわずかに生きのびる。

県の保護下に創設された器械製糸会社とならんで、耶麻郡・岩瀬郡などに個人または共同経営の小器械製糸工場（一二―三六人程）が創設されるが、この自生的発展の萌芽も明治一〇年代後半の不況で消滅してしまった。それにかわって成長するのが、一八八〇、八一（明治一三、一四）年に安積郡郡山の商人によって創設された座繰揚返《あげがえし》工場の正製組《しょうせいぐみ》と真製組《しんせいぐみ》である。前者は旧二本松藩の郷士・

御用達で、明治初期の政府の生産方として生糸改会社を組織した永戸直之介によって、後者は、幕末に越後より移住した商人・金貸資本家で後に県内有数の大地主となる橋本清左衛門―万右衛門によって創設されたもので、下部に広範な賃挽をかかえた座繰揚返工場をもって、揚返糸の輸出を行って発展した。

このように器械製糸工場が創設されたが、長野県のように発展することなく衰退し、問屋制家内工業の広範な展開を基礎とする座繰製糸だけが発展することとなった。とくに古蚕地（先進地）である信夫・伊達二郡では、旧来からの商人層の力が圧倒的で、製糸工場は成長せず、一八八九（明治二二）年にいたって、福島町の問屋・商人たちによって仕上工程だけをもつ福島共同生糸荷造所（一〇〇人以上雇用、三工程以上の作業場をもつ）が設立されるのである。

第四節　自由民権運動と明治憲法体制の成立

松方財政に正面から対抗したのが、立憲政体樹立（憲法制定・国会開設）、地租軽減、条約改正、言論集会の自由および地方自治を要求してたたかった国民的な民主主義革命運動である自由民権運動であった。運動は、生成、高揚、激化と分裂のほぼ三つの時期に分けることができる。

(1)　運動の生成

運動の開幕となったのは、一八七四（明治七）年、征韓論争で下野した板垣退助・後藤象二郎や小室信夫ら八名による「民撰議院設立建白書」の提出であった。この時から立志社（土佐）・自助社（阿波）など民権政社の設立、愛国社の結成（一八七五年）を経て、一八七七年西南戦争での士族反乱の最終的敗北までの立志社・愛国社を中心とする運動は、有司専制批判と民権思想の普及に啓蒙的役割を演じ、また各地の民権政社の結成を促したが、国民的運動ではなく、「士族および豪家の農商」の参政運動にとどまった。その言論活動には、人民の抵抗権や革命権さえ主張する急進的論調がめだったが、台湾出兵や士族反乱に参加する動きを示すなど、不平士族的性格をもっていた。

農民はそれと別個に徴兵令反対・地租改正反対等の一揆を続けており、豪農層は地方政社・地方民会を通じて動き出していた。

(2) 運動の高揚

立憲政体樹立・地租軽減・条約改正の自由民権の三大綱領をはじめて統一的に提示したのは、一八七七（明治一〇）年の立志社建白であった。この時から、地方政社の発展と愛国社再興（七八年）によるその統一、愛国社第四回大会（八〇年）での国会期成同盟の結成と八万七千余人を代表する片岡健吉・河野広中の国会開設上願書の提出、さらに憲法草案（私擬憲法）の作成を経て、一八八一（明治一四）年の政変、国会開設詔勅発布と自由党および立憲改進党の結成にいたる時期は、自由民権運動がもっとも高揚した時期であった。

立憲政体の樹立、国会開設の要求が地租軽減・地方自治等の具体的要求と結びつけられ、人民の政治的自由や財政協議権の確立がうたわれて、自由民権の要求内容がブルジョア民主主義的性格を明確にし、それと関連して運動が国民的広がりをもつにいたった（一八八〇年に国会開設請願書に署名した人民は二四万人をこえた）のである。その背景には、「愛国社的潮流」のほかに新たに地方議会・地方政社における在地豪農層の運動、「在村的潮流」の発展があった。運動の高揚は、折からの北海道開拓使官有物払下げ事件とあいまって、政府を危機においこみ、政府は国会開設の詔勅を出すとともに一八八一年政変で薩長藩閥政権の強化をはかった。それに対し自由党と立憲改進党は、国約憲法の制定と国会の早期開設をめざして動き出した。

(3)　運動の激化と分裂

地方自由党員が農民闘争を指導した最初の激化事件が、一八八二（明治一五）年、福島（喜多方）でおきた。この福島（喜多方）事件から、一八八三年高田事件、一八八四年の秩父事件をピークとする群馬事件・加波山事件・飯田事件・名古屋事件等の激化諸事件を経て、八五年大阪事件、八六年静岡事件にいたる時期は、激化事件が次々と発生すると同時に、政府の弾圧の下で指導者層のなかに分裂が目立ってくる時期でもあった。

県会を無視して道路開発を進める県令三島通庸の横暴に対抗する河野広中ら自由・改進両党派県議による県会での議案毎号否決事件から、不法な会津地方三方道路開発とその苛酷な負担に反対する権利恢復同盟の農民三千余名の蜂起（喜多方事件）に至る福島（喜多方）事件は、自由党派豪農層の民権運動と彼らが指導する農民の公課負担反対闘争とが結びついた民権運動激化の典型的事件であった。しかし、集会条例改正（一八八二年六月）をはじめとする民権運動弾圧の強化を契機として、指導者層内部に分裂が生じてくる。

一八八四年以後の激化諸事件には、栃木県庁開庁式に際し三島県令はじめ政府高官の暴殺を企図した加波山事件のように、過激化した少壮自由党員による少数武力蜂起事件や、飯田事件のように未発に終った事件もふくまれ、次々と鎮圧されたが、そこには新しい運動の展開があった。

とくに激化事件のピークをなす秩父事件は、一部の豪農と中間層の地方自由党員が指導し、政府転覆・国会即時開設と貧農救済・財産平均の綱領を掲げて一万人近くの農民が武装蜂起し、一時は地方権力を掌握した事件であり、これは軍隊の出動によって鎮圧された。その背景には、松方デフレの下で貧窮化した広範な農民が、借金の据置き・長年賦返済、公租公課負担軽減および質地返還を求める困民党運動の広がりがあり、秩父事件は民権運動と困民党運動とが結びついた農民激化の典型的事件であった。

しかし、運動が農民革命的性格を帯びてきたとき、すでに板垣退助ら自由党首脳は運動から身を引いていたし、大井憲太郎ら左派首脳も指導力を失っていた。秩父事件が起きる二日前、加波山事件の波及を恐れて自由党は解党してしまう。大井らは朝鮮の改革派支援に運動の突破口を開こうと渡鮮を企てて逮捕される（大阪事件）。

激化事件が鎮圧されたのち、一八八七（明治二〇）年に、井上馨外相の条約改正交渉の失策を機に、「言論集会の自由、地租軽減、外交の挽回」を要求する三大事件建白運動が、高知県を中心に高揚するが、保安条例の発布によって弾圧される。また、一八八六年に旧自由・改進両党幹部は藩閥政権伊藤博文内閣に反対して「大同団結」を図り、一八八八―八九年には後藤象二郎による大同団結運動が展開されるが、それは来るべき国会開設へ向けての有力者のみの参政準備運動にとどまった。

こうして民主主義革命運動としての自由民権運動は敗北に終り、一八八九（明治二二）年二月、天皇大権の下に国民の権利を制限する大日本帝国憲法が欽定憲法として発布されたのである。(注4)

(4)　自由民権運動の経済的背景

自由民権運動が高揚した時期は、政府の「上からの」資本主義化の諸政策と外国貿易の進展を契機として、全国的に農民的商品経済が他律的に進展した時期である。しかし、農民的商品生産を基礎とする農民層の分解はなお初期的で、地主・小作関係や問屋制前貸関係に結果せざるをえない段階にあった。

当時の経済発展には地域的に不均等性と多様性がみられたが、自由民権運動が広範な農民諸階層の参加をえて高揚した地域は、幕末以来農民的商品経済と農民層の分化が進展し、地主・小作関係や問屋制前貸関係が展開していた先進地域ではなかった。それは生産力が低位で共同体的自給経済と農奴主的地主支配が残存していた後進地域でもなく、自作小農民が支配的で維新後急速に農民的商品経済が進展した中間地域であった。

とくに激化事件が起きた地域は、蚕糸業を中心として農民的商品が急速に発展した北関東・東山養蚕地帯に集中している。自由民権運動の直接的な経済的背景は、その農民的商品生産の発展であり、運動を推進した農民の基本的要求は、その農民的商品生産の順調な発展を阻止する租税公課負担の軽減と、農民的商品生産を蚕食する商人・高利貸資本の排除（質地関係を通じての地主・小作分解の阻止）であった。その意味で、自由民権運動は、租税公課収奪を軸に特徴的な資本の原始的蓄積をすすめる「上からの」資本主義化に対抗する、「下からの」小生産者型のブルジョア的発展を代表する運動であったのである。

（注4）**近代天皇制国家の性格**

一八八九（明治二二）年に発布（九〇年施行）された大日本帝国憲法（いわゆる明治憲法）で規定された近代天皇制国家の性格については、これを絶対主義国家とみる「講座派」と、これをブルジョア国家とみる「労農派」との間に、明治維新の歴史的性格の理解（絶対王政の成立かブルジョア革命か）と関連して、激しい論争が展開された（日本資本主義論争）。

帝国憲法体制は、天皇が帝国議会の協賛によって立法権を、国務大臣等の輔弼によって行政権を、裁判所によって司法権を行使する統治権の総攬者であり、またその大権は、法律の裁可・公布、議会の召集・開閉・解散、緊急勅令の公布、官制（行政官の任命）、陸海軍統帥・編成（いわゆる統帥権）、宣戦・講和、戒厳令公布など広範に及び、権力形態に即していえば、明らかに絶対君主制であった。

しかし、世界的な立憲君主化の大勢を背景とし、立憲政体の樹立を求める自由民権運動の国会開設請願運動に促進され、条約改正のために憲法制定が不可欠とされた国際関係に対応して成立したもので、議員の公選制や国務大臣への民間人の就任の可能性など、立憲君主制の側面をもっていた。「外見的立憲制」といわれるように、本質は絶対君主制である外見上の立憲君主制であった。

それに対応して国民の基本的人権についても、欧米諸国の憲法の人権条項にならって「臣民権利義務」の章をもうけ、居住及び移転、信教、言論集会結社等の自由と、所有権、信書の秘密、住居の安全、人身の自由等の尊重を列記した。

しかしこれらの人権は、「法律ノ範囲ニ於テ」（「居住及移転ノ自由」について）とか、「安寧秩序ヲ妨ケス及臣民タルノ義務ニ背カサル限ニ於テ」（「信教ノ自由」について）とか、すべて厳しい制限がつけられていた。また天皇の非常大権は、これらすべての人権条項に優越するものとされた。帝国憲法体制下では、国民の基本的人権は容易に侵害をうけ、それを回復する有効な手段をもたなかったのである。

その後の歴史的展開をみると、大正デモクラシー期には立憲君主制の側面が強化され、議員選挙権の拡大（制限選挙から普通選挙へ）と政党勢力の行政府への侵入（超然内閣から政党内閣へ）、軍部大臣現役武官制の抑制（現役規定の削除）という方向で支配体制が修正されていった。そして一五年戦争期になると、絶対君主制の側面が強化され、満州事変期から日中戦争期にかけて、五・一五事件による政党内閣の崩壊、二・二六事件による現役武官制の復活、日中戦争開始による国家総動員法の制定という方向で支配体制が再強化され、天皇の非常大権が圧倒的優位に立ち、国民の人権は打ちひしがれていった。

日本資本主義論争にみられるような、絶対君主制か、それとも立憲君主制かといった二者択一的視点ではなくて、絶対君主制と立憲君主制の二側面を正しく見定めることが必要なのである。

第三章　産業革命の進展と資本主義社会の確立

(1)　日本の産業革命は、松方デフレによる資本の原始的蓄積を前提に、一八八六―八九（明治一九―二二）年の「企業勃興」で始まり、日清・日露戦争を経て急速に進展し、ほぼ一九〇〇―一〇（同三三―四三）年頃に終了し、資本主義社会の確立をみるに至った。（注5）

この産業革命の進展と、それにより確立した日本資本主義社会の特徴を明らかにすることが本章の課題であるが、その前に、産業革命の概念とその歴史的意義を明らかにしておこう。

(2)　「産業革命」という用語は多様に用いられているが、歴史上繰り返し現われる単なる技術革新、あるいは単なる経済成長としてではなく、機械（とくに作業機）の発明と応用を起点とする急激な技術革新を基礎にして機械制大工業が成立し、それが都市手工業や農村家内工業を駆逐して資本・賃労働関係を全社会的に展開させ、近代資本主義社会の確立をもたらした画期的な国民経済の編成替えと捉えるのが、もっとも歴史学的な理解である。

(3)　世界史的には、一七六〇―一八三〇年代のイギリス産業革命を起点とし、一九世紀中葉に欧米先進諸国の産業革命が次々と継起して資本主義的世界体制（従属国をふくむ）が形成された点に、産業革命の歴史的意義がある。

その中でイギリス産業革命は、世界史上まっさきに自生的に展開し、資本主義的世界体制の形成・発展過程において、一九世紀末大不況にいたるまでは、たえず先導的役割を果たした点に独自の意義をもっている。

後発国の産業革命は多かれ少なかれ先進国の影響を受け、それぞれ独自の特徴をもつが、一九世紀末から二〇世紀初頭の日本の産業革命は、もっとも遅れた（ただしアジアで唯一の）産業革命として展開しただけでなく、資本主義的世界体制が成熟して帝国主義体制へ転化する時期に展開したため、産業革命による日本資本主義の確立が、同時に東アジアにおける帝国主義体制形成の主要な契機となった。

日本の産業革命は何よりも、朝鮮・中国への軍事的侵略である日清・日露戦争によって支えられて推進された。一八九四年春に朝鮮に甲午農民戦争が起きると、日本は清国の派兵に対抗して兵を送り、朝鮮単独支配を目指して開戦した。豊島沖海戦・平壌の戦闘で勝利し、遼東半島・台湾を占領して、一八九五年四月、日清講和条約（下関条約）を勝ちとった。この条約の要点は、①清国が朝鮮の独立を認めること、②遼東半島・台湾・澎湖諸島を清国から分割して日本の領土とすること、③賠償金二億両《テール》（約三億円）を清国が支払うこと、④沙市・重慶・蘇州・杭州を開港・開市するほか、欧米諸国なみの通商特権を日本も獲得すること、の四点である。しかし、下関条約調印後に露・仏・独によるいわゆる「三国干渉」が起こり、遼東半島は還付せざるをえなくなり、遼東半島はロシアの支配下におかれた。

「三国干渉」の屈辱を味わった日本は、日清戦後対露戦を目指して軍備拡張を進めた。折から北清事変後ロシアは満州に展開した軍隊を撤退せず、事実上の占領下においたため、日本の朝鮮支配も脅かされるにいたった。そのため日露交渉が開始されたが、それが行き詰まり、日本の民衆も対露即時開戦を叫び、紡績資本家を中心とする産業資本家も開戦論に同調していった。一九〇四（明治三七）年二月、旅順のロシア艦隊が出航したとの報を受けて外交交渉を打ち切り、旅順口を奇襲し、宣戦を布告した。戦費の乏しい日本は短期決戦・奇襲攻撃という軍事戦略をとり、八月の遼陽の決戦後、旅順要塞攻略を開始し、多大の犠牲を払って翌一九〇五年一月ようやく占領した。その後奉天会戦での勝利と日本海海戦での勝利を経て戦争は終了し、日露講和条約（ポーツマス条約）が締結された。しかし、アメリカのポーツマス講和会議での結論は意外と厳しいもので、ロシアは樺太の北緯五〇度以南を日本に譲渡し、日本は賠償金を要求しないこととなった。九月、日露講和条約に調印し、日露戦争は終り、日本はその内実を持たないままに欧米なみの植民地帝国となった。

第一節　産業革命の進展とその特徴

産業革命の過程で、民間の工場制工業発達の中心となったのは、表4にみるように、紡織工業（紡績・製糸・織物）であり、一九〇〇―〇九年に民営工場労働者の六七―六四％を集積した。紡織工業

表4　部門別工場数・労働者数（10人以上使用）　（人）

部　門	1886		1900		1909	
	工場数	労働者数	工場数	労働者数	工場数	労働者数
紡　織	498	35,144	4,277	237,132	8,301	442,169
製　糸	411	26,763	2,558	118,804	2,945	184,397
紡　績	22	2,977	149	62,856	124	102,986
織　物	65	5,404	1,375	49,356	4,245	127,441
機械・器具	42	2,896	413	29,730	1,092	54,810
機　械	10	615	147	7,546	336	11,424
船　舶	9	1,018	39	11,378	63	17,369
そ の 他	23	1,263	227	10,806	693	26,017
化　学	143	13,245	810	35,396	1,579	65,966
陶 磁 器	38	1,814	158	3,246	299	6,473
煉瓦・瓦など	15	2,068	167	7,410	363	14,594
製　紙	20	1,024	96	5,539	218	9,910
マ ッ チ	31	7,147	183	12,636	185	16,749
飲 食 物	36	748	835	25,403	2,396	65,303
醸　造	6	224	323	7,333	1,339	26,893
煙　草	2	18	274	12,798	91	17,418
製　茶	3	48	15	951	318	6,148
雑	114	9,633	617	23,286	1,945	60,283
印 刷・製 本	56	3,195	182	7,928	525	18,506
藺・麦稈など	7	2,553	146	4,103	127	2,840
特　別	30	1,532	13	612	113	3,690
電　気	—	—	10	495	74	2,181
瓦　斯	1	47	3	117	8	394
金 属 精 錬	29	1,485	…	…	31	1,115
民営合計	863	63,198	6,965	351,559	15,426	692,221
官営工場	11	11,758	27	36,237	67	117,259
運輸通信		22,967		166,079		366,420
鉱　山		40,870		140,846		235,809

大石嘉一郎編『日本産業革命の研究』上，第1章第3表・第5表による．原資料は農商務省『農商務統計表』，内閣統計局『日本帝国統計年鑑』各年次，その他．

のうちでは、製糸業が最大の労働者数を擁し、紡績業は少数の大工場、織物業は多数の零細工場が占めるという特徴をもっている。

これに対し、重工業の民間工業は、機械・器具工業でも、一部の突出的な大工場（船舶）を除けば、零細工場が多かった。重工業の中軸は、陸海軍工廠を中心とする官営工場であり、少数の官営軍事工場と財閥経営造船所が突出的に発展した。

このほかに注目されるのは、鉱山業（とくに石炭と銅）と運輸通信業（とくに鉄道と郵便）で、民営工場合計に匹敵する多数の労働者を集積していることである。それは、これらの分野で労働争議が先駆的に発生する背景をなしていた（日鉄機関方争議と足尾暴動）。

一　綿糸紡績業の発展

(1)　発展の特徴

紡織工業のなかで機械制大工業としてもっとも顕著な発展をとげたのは、綿糸紡績業である。政府の保護の下に成立した二千錘紡績が不振におちいっていたとき、渋沢栄一の指導で設立された大阪紡績会社（一八八三年操業開始）が、一万錘規模の輸入機械を昼夜二交替制で稼働させて高利益をあげると、それに刺激されて、一八八六―八九年に鐘淵紡績、三重紡績、尼崎紡績、摂津紡績など、主に東京・大阪周辺に次々と大紡績工場が設立された。

大紡績工場の機械製綿糸は、在来手紡糸・ガラ紡糸（水車紡績）を駆逐し、輸入綿糸（インド綿糸）

との競争にも打ち勝って国内市場を制覇し、一八九〇年には機械製綿糸が輸入綿糸を凌駕するにいたった。さらに、一方では、一八九六年綿花輸入税撤廃を画期に原料を国産綿花から輸入綿花（とくにインド綿花）へ転換することによって、国内綿作の凋落を決定的にし、他方で一八九〇年恐慌からいち早く輸出を志向し、一八九四年綿糸輸出関税撤廃と日清戦争の勝利を契機に朝鮮・中国市場へ本格的進出を開始する（一八九七年綿糸輸出高が輸入高を凌駕）。その後、日清戦後から日露戦後へかけて、一時輸出が停滞するが、一九一〇年以降中国を中心に輸出が急増し、一九一三年中国市場で日本綿糸がインド綿糸を凌駕するに至る。

このように綿糸紡績業は、綿作―紡績―綿織の綿業三分化工程のなかで突出的発展をとげ、国内綿作の凋落をもたらすことによって先進綿業地帯の農業の発展を阻止していった。

また紡績業はその発展のなかで、日清戦後恐慌を画期に紡績連合会がカルテル活動を本格化すると同時に、資本の合併・集中を開始し、日露戦後には、大阪紡・三重紡、鐘淵紡、富士瓦斯紡、大阪合同紡、尼崎紡、摂津紡の六大紡系各社が成立するに至る。

(2) 発展の要因

綿糸紡績業の急速な発展を支えたのは、第一に株式会社組織による都市商人層の資金の集中、それを支えた日本銀行―都市銀行を通じた株式担保金融であり、第二に、イギリスからの紡績機械（とくに最新式のリング紡績機）の輸入であり、第三に、原料綿花の安価で良質の輸入綿花（とくにインド綿花）への依存、それを支えた輸入商社の輸入綿花に対する日本銀行・横浜正金銀行による手形割引および海運業の発展であった。

そして第四に、農村からの出稼ぎ若年女子の低賃金労働の利用であった。その労働の苛酷のため、寄宿舎制度・請願巡査制度による拘束にもかかわらず退社率が高かったが、その後、寄宿舎の改善、社内福利施設の設置、賞与制度の採用など、退社率の引下げがはかられた。

二　製糸業（生糸製造業）の発展

(1)　発展の特徴

製糸業は製造業のなかでももっとも多数の労働者を吸収し、日本の貿易収支を支える最大の輸出産業として発展した。多数の労働者を吸収したのは、その基本工程を女工の熟練に依存する大規模マニュ的性格をもったためであり、貿易収支を支える外貨獲得産業となったのは、原料繭および製糸器械が国産であったためである。また製糸業は、養蚕・桑作―製糸―絹織の絹業三分化工程のなかで突出的発展をとげるが、その原料繭生産（養蚕）は国内生産であり、製糸業の発展とともに養蚕業が全国的に拡大し、養蚕業は米作と並ぶ商品生産（「米と繭の経済構造」）として自作・自小作中堅層の家計を支える支柱となった。

さて製糸業は、輸入繰糸機を用いた官営模範工場（富岡製糸所）や小野組製糸場などが営業不振におちいるなかで、一八七〇年代末から欧米の需要に誘引されて工場生産が開始された。その生産形態には、洋式繰糸機を模倣・矮小化した諏訪型製糸器（フランス式・イタリア式の折衷模倣）と蒸気力・水力を用いた器械製糸と、再繰・仕上げ工程だけを工場化して農村家内工業を組織した問屋制または組合制の座繰製糸とがあったが、発展を主導したのは器械製糸（とくに、諏訪糸の緯糸用普通糸生産）であり、一八九四（明治二七）年には器械製糸高が座繰製糸高を超え、一九〇九（明治四二）年以降、座繰製糸は絶対的にも衰退に向った。

器械製糸は一八九〇年代以降、輸出の対米依存度を高めつつ急速に発展し、アメリカ市場で欧州糸（とくにイタリア糸）および中国糸と競争し、日露戦後にはそれらを圧倒して（一九〇五年イタリア糸凌駕、一九〇九年中国糸凌駕）、アメリカ市場を制覇するにいたる。この過程で、生糸輸出が諏訪地方の緯糸用普通糸（粗悪糸）中心であったため、輸出が一時停滞するが、一九〇〇年代後半には、諏訪系大製糸会社（とくに片倉）の普通糸の優良化と、優等糸生産（とくに郡是）の発展とが相まって、緯糸市場から経糸市場へも進出し、世界市場での地位を確立したのである。

(2)　発展を支えた要因

労働生産性がフランス・イタリア製糸業の約二分の一であった日本製糸業が、アメリカ市場を制覇していった最大の要因は、養蚕農家から購入する原料繭の低廉さと、出稼ぎ若年女工の低賃金・長時間労働であった。原料繭の低廉さは製糸資本家および仲買商の商人資本的購繭活動によって可能とされたが、一九〇〇年代以降は大製糸家が養蚕組合を通ずる特約取引を開始し、安価良質の原料繭を優先的に確保するにいたる。若年女工の低賃金労働を支えたのは、「賞罰採点式等級賃銀制」と呼ばれる日本特有の賃金制度であった。

いわゆる「賞罰採点式等級賃銀制」とは、女工の賃金を各等級へ格付けする単なる等級賃金制ではなく、また各自の生産物の質量の絶対評価に基づいて査定する賃金制度でもなく、賃金総額・平均賃金をほぼ固定したままで、相対評価制度により、女工個々人の賃金をその成績の平均からの開差に基づいて査定する出来高賃金制（実際には順位・等級・差額の三制度があった）であり、平均賃金からの開差をめぐる女工らの競争をあおって作業能率を高めようとする搾取制度である。それは、現実に支払われる個々の女工の賃金の低さを女工の責任に帰せしめると同時に、平均能率の上昇による利益をことごとく工場主の手に帰する巧妙な制度であった。

このような「等級賃銀制」は、諏訪型製糸業の大マニュ経営に特有な賃金算定方式として成立したものとみられるが、一八九〇年代から一九〇〇年代にかけて、相対評価の基本要素である繰目（一定期間の繰糸量）・糸目（一定生糸生産高の繭消費量）を中心とする簡単な構成をもって諏訪製糸業に一般化する。そして、一九〇〇年代から一九一〇年代にかけて、賃金算定方式が複雑化し、相対評価要素に繰目・糸目のほかにデニール（繊度）・品位・光沢等――これらは絶対評価の罰のみ――をふくめて包括的に相対評価する精密な制度として確立する。

それとともに、女工間の賃金開差がはげしくなり、競争をあおって量質両面での作業能率を高め利潤を増大させる「等級賃銀制」の独自の機能が本格化した。この過程で、同制度が諏訪地方から各地へ（優等糸製糸家へも）普及し、普遍化すると同時に、この制度に対する『信濃毎日新聞』などの世論の批判も高まってくる。これに対応するために、この制度自体は基本的に変えないままに、女工の年皆勤賞や「永続賞」の採用、雇用契約書中への賃金の範囲や最低日給に関する規定の明記など、新たな労働力確保手段が登場してくる。

さて、製糸業の発展を支えたもう一つの要因は、日本銀行を頂点とする輸出金融であった。大製糸家にとって、ますます遠隔地化する女工の募集のための手付金・前貸金と購繭活動のための多額の資金が必要とされたが、この資金確保を可能としたのは横浜売込問屋および地方銀行の前貸金融であり、それを支えたのが日本銀行・横浜正金銀行の輸出金融であった。

三　織物業の発展

(1)　綿織物の発展

綿織物業では、紡績会社による兼営織布を除いて、一九〇〇年代後半まで問屋制家内工業（賃機制度）が支配的であった。とくに内地向け綿織物業（久留米・川越など）では、それが一九一〇—二〇年代まで存続した。

しかし、綿織物業はすでに輸入綿糸の使用とバッタン機の導入によって輸入織布に対抗して一八八〇年代後半までに国内市場を支配していたが、一八九〇年代には紡績会社兼営の機械製綿布と在来綿布とが並んで（ともに国産綿糸使用）朝鮮および中国へ輸出を開始する。そして、一九〇〇年代に兼営織布を中心に輸出が拡大するとともに、泉南・知多など先進綿織物業地に国産力織機と主に石油発動機を用いた力織機工場が成立し、一九一〇年代には、力織機工場化が進展して賃機制度が解体するとともに、日露戦争による政治支配権の獲得を背景にして朝鮮および中国北部への輸出を拡大し、そこで英米製綿布および土産布を駆逐して市場を制覇するにいたる（一九〇八年朝鮮市場でイギリス製綿布を凌駕、一九一〇年中国市場でアメリカ製綿布を凌駕）。

(2)　絹織物業の発展

絹織物業では、問屋制家内工業の西陣、問屋マニュの桐生・足利および郡内が停滞し、内地向け生産が支配的となるなかで、一八九〇年代から一九〇〇年代にかけて、石川・福井および福島の諸県の輸出羽二重業が急速に発展する。そして輸出羽二重業では大小マニュ（石川）、賃織（福井）、独立家内工業（福島）が並存したが、一九一〇年前後（日露戦後）から急激に力織機工場化が進展し、賃織は解体し、独立家内工業も急減するにいたる。

(3)　織物業の賃労働の特徴

織物業は零細工場・零細マニュ・問屋制家内工業（および独立手工業）が支配的な分野であった。とくに久留米・川越などの内地向け綿織、西陣・桐生などの内地向け絹織では、それらが一九一〇―二〇年代（大正期）まで存続する。その零細工場・零細マニュでは近隣農村の若年女子労働が支配的で、債務労働的性格が強く、農商務省『職工事情』が伝えるように、紡織工業のなかでももっとも劣悪な労働条件にあった。

四　重工業の発展

すでに先進国で重工業の工場生産が発展していた段階での日本の産業革命においては、技術水準の世界水準との極端な格差のために重工業の発展はきわめて困難で、重工業製品の多くを輸入に依存して展開し、技術水準の国際水準へのキャッチ・アップと重工業の先進国からの自立化が課題となった。そうしたなかで、官営軍事工場、官営八幡製鉄所および政商＝財閥経営の大造船所だけが、政府資金を集中的に投下されて突出的に発展した。

(1)　官営軍事工場の発展

官営軍事工場（陸海軍工廠）は軍艦・軍器の国産化を課題に、日清・日露戦争と両戦後経営を通じて、多額の財政資金を投下して拡充された。

陸軍工廠では、設備の拡充を原動機の推移によってみると、日清戦争期をステップとして数・馬力とも増加し、戦後経営期にさらに急テンポで増加し、日露戦争期にはすさまじい迫進をとげた。さらに戦後経営で一層の増加となり、わずか二〇年間に馬力数で東京砲兵工廠が六五・九三倍、大阪砲兵工廠が一四一・七五倍に達する。日清戦争の小銃が村田銃で自給されたように、陸軍工廠ではすでに国産化を達成していたが、その後三一年式野砲・山砲、三八年式連射法と新たな開発がなされ、陸軍工廠の銃砲生産は充実されていった。その際、注意すべきことは、兵器だけでなく、火薬・兵器素材・工作機械をも工廠内で生産する「ワンセット体制」を形成していったことである。しかし、この体制は、日露戦争の時にその限界を露呈し、火砲・砲弾の大量の輸入を余儀なくされ、その見直しがなされていった。

海軍工廠の場合も傾向としては陸軍工廠の場合と同様であり、一八九〇年代から一九〇〇年代にかけて（明治三〇年代に）、とくに日露戦争時に猛烈な迫進を示す。すでに一八九〇（明治二三）年に、鋼製通報艦と砲艦を横須賀・小名浜両造船所で建造し、以後鋼製軍艦の時代に入った。しかし、一八九〇―一九〇六（明治二三―三九）年の間についてその特徴をみると、第一に艦艇の外国製（とくにイギリス製）が圧倒的であること、第二に大艦（戦艦）はすべてイギリス製、中艦（巡洋艦・海防艦）は横須賀と呉で製造され、小艦艇（駆逐艦・砲艦・水雷艇）は国内製造が多い。一九〇五（明治三八）年以降、外国船にならって大型の戦艦・巡洋艦が相次いで起工され、一九一〇年代初頭にいたって先進諸国に拮抗する規模の大艦の建造能力をもつにいたる。海軍工廠の場合も陸軍工廠と同様に、戦艦だけでなく素材生産をも行う「ワンセット生産体制」方式をとっていたが、日露戦時にその限界を露呈して戦艦・素材の輸入の増大を余儀なくされる。こうして日露戦後にいたって、官営八幡製鉄所だけでなく、民間の造船所・鉄鋼所（財閥系）との結合を強化することによって、ようやく造艦の自立化をほぼ達成するのである。

(2)　官営八幡製鉄所の発展

産業革命の重要な基礎素材である鉄鋼の多くを輸入に依存するなかで、軍用・官用鉄鋼の国産化を課題に創設された官営八幡製鉄所（一八九七年着工、一九〇一年操業開始）は、日清戦後経営で財政資金の集中的投下をうけて、生産を軌道にのせた。技術と設備は先進国に依存し、原材料のうち鉄鉱石は中国漢冶萍公司への借款供与により大冶鉄を確保し、原料炭も当初は筑豊炭を利用したが、日露戦後には「満州」の撫順炭（コークス炭）を確保した。

八幡製鉄所は、日露戦後には銑鋼一貫体制を成立させて、国内鉄鋼生産の約八〇％をしめるにいたる。そして、その頃銑鋼一貫作業を開始した釜石製鉄所や、軍官需に応じて一斉に成立した財閥系製鋼所（住友製鋼所、神戸製鋼所、日本製鋼所など）の鉄鋼生産と相まって鉄鋼自給率を急速に高めていったが、第一次大戦前には鉄鋼自給率はなお三四％にとどまった。

(3)　財閥経営の大造船所の発展

官業払下げに起点をもつ三菱・川崎などの大規模造船所は、日清戦後経営のなかで一八九六年の造船奨励法・航海奨励法により政府の集中的援助をうけ、一八九九年の航海奨励法改正（国産奨励、特定航路助成）を契機に、民間機械工業のなかで突出的に発展した。また、一八九八年三菱造船の常陸丸（六〇〇〇トン級汽船）建造を画期として、造船技術が世界水準に到達し、一九〇一年には国内建造汽船トン数が輸入汽船トン数を超え、日露戦後には海軍工廠との結びつきを強化して軍艦製造へも進出し、造船業の自立化を達成した。

しかしそれ以外では、鉄道の発達に伴う客貨車生産と三井傘下の芝浦製作所による電機・汽罐製作の発展、および池貝鉄工所による旋盤の完全製作が注目されるだけで、民間機械工業の工場生産は一般に低位にとどまった。

(4) 重工業の賃労働の特徴

重工業大経営における労働者は、大きく分けて、第一に技術者＝管理者、第二に職工すなわち熟練職工および見習職工または徒弟、第三に雑役夫・人夫の三者から構成されるが、中心的な労働者は第二の職工である。

第一の技士・工長等と呼ばれた技術者は、横須賀海軍工廠に典型的にみられるように、創設期の造兵・造船工場の身分制的階層制をもつ労働者管理体制において、外国技術の導入者であると同時に職工層の直接的管理者となるべく主として旧士族層から創出されたが、彼らは、旧来の職人層が工場内に再編成された職工層の管理に適応しえず、すでに一八九〇年代にはその職工管理者的性格を失っていき、それに代って、親方職工（伍長・組長・職長）が直接的な職工管理者となる親方職工請負制度が定着していった。

一九〇〇年代初頭の重工業労働者は、鍛冶工・製罐工・鋳物工・木工・塗工のように旧来の職人層の転化した者が多かったが、全く新しい職種の職工である旋盤工・仕上工・組立工は新たに養成され、しかも彼らは一九世紀末の世界水準の新技術の導入による職種の専門化（トレードからジョップへ）に対応していくという二重の転化過程をたどった。そして新職種では、流動性の高い平職工（渡り職工）が輩出してくるが、渡り職工はもっとも先進的な意識をもち、一九〇〇年代の鉄工組合の形成の中核をなした。

職工の創出は旧来の手工業者＝職人層の工場内への編入（工場労働者への転化）を基調としたため、

旧来の職人的師弟関係（親方・子方関係）をもつ親方請負制度を工場内に再編成した親方職工請負制度が労働者編成の基軸をなした。しかし、職種の専門化が進むなかで、日露戦後には親方職工の万能的熟練が後退し、親方職工制度は形骸化の方向をたどり、新たに「親方職長制」が登場してくる。

第三の雑役夫・人夫も生産規模の拡大とともに増加していったが、彼らの労働条件はきわめて劣悪で、人夫供給業者の手によって編成された場合は監獄部屋に近い半奴隷的条件にあり、また不安定な雇用の場合には都市下層民から供給される日雇・土工と共通の性格をもっていた。

日露戦後に親方職工の万能的熟練が後退したとはいえ、全体として職人的熟練が広範に残存し、職工の雇用・労働関係には前近代的関係が存続していた。しかも、熟練職工も賃金水準は低く、彼の賃金のみでは労働者家族を養いえず、多くは多就業家族を構成し、その生活水準は都市雑業層とほとんど変りがなかった。また、職工の底辺の見習職工は工場雑役夫と接し、この時期の重工業大経営労働者は都市下層社会から抜け出していなかった。ようやく日露戦後第一次大戦期に下層社会からの脱出の端緒をつかむにいたるが、それは同時に、労働者階級の重層構造の形成、熟練職工の企業内包摂の開始でもあった。

五　鉱山業の発展

産業革命の過程で多数の労働者を集積した鉱山業での大鉱山経営の発展は、石炭山と金属山（とくに銅山）を中心としていた。鉱山業の展開は、石炭山と金属山とで差異があるが、総じて、明治維新後の幕藩営鉱山の官収、一八七三（明治六）年の日本坑法（鉱山王有制）の下での官営事業の進展を前提とし、一八八〇年代の鉱山払下げを起点として、三井・三菱・住友・古河等の政商（のち財閥）の主導下に進められ、一八九〇（明治二三）年の鉱業条例（土地所有と坑区所有の分離、鉱業資本の保護）の下で産業資本の形成をみるにいたった。

(1)　石炭鉱業の発展

石炭鉱業の一八八〇年代の発展は、囚人労働を基礎とする官営三池炭鉱、納屋制度を基礎とする三菱高島炭鉱の二大炭鉱による機械導入・輸出市場依存の発展と、筑豊および常磐地方の多数の中小炭鉱による手工的採炭・国内市場依存の発展との二極構成をなした。だが一八八〇年代末、筑豊への政商の進出（一八八九年三菱の新入炭坑獲得）、三池炭鉱の払下げ（一八八八年三井）および幌内炭鉱の払下げ（一八八九年北海道炭礦鉄道）を画期として、大鉱山経営が成立するに至る。

一八九〇年代から一九〇〇年代にかけて、石炭生産は急激に増大するが、それを中心的に担ったのは筑豊炭田であった。筑豊の石炭産出高は、一八九四年に対全国比四〇％に達し、一八九七年には五〇％を超え、その後一九〇〇年代には一貫して五〇％以上を占めている。この筑豊の発展を主導したのは、とくに三井・三菱の財閥経営の大炭鉱と貝島・安川の中央資本に連係して成長した地方資本経営の大炭鉱であった。三井が筑豊へ本格的に進出した一九〇〇年代中葉以降は、三井・三菱・貝島・安川の四大資本で筑豊出炭高の五〇％以上を占めるにいたる。これら大資本の坑区は何れも大坑区であり、そこでの排水用蒸気ポンプの大型化、捲揚機の導入による運搬過程の機械化等、技術＝生産力の発展を基礎にして産業資本的基盤が確立するとともに、優良坑区独占をテコにしていち早く独占化の傾向を示すにいたった。

一八九〇年代、とくに日清戦争後の筑豊を基軸とする石炭産業の発展を支えたのは、国内市場・海外市場双方の急速な拡大であった。国内市場の拡大は、紡績工場を中心とする民営工場および陸海軍工廠・八幡製鉄所の官営工場による工場用炭の増大と、鉄道および船舶用炭の急速な増大によるものであり、日本資本主義の確立過程に対応するものであった。海外市場の発展は、日清戦争後の中国を中心とする極東への帝国主義列強の軍事的・経済的進出と日本資本主義のそれへの参加によるものであり、日本石炭産業も極東市場の制覇、日本資本主義の早熟的帝国主義化と結びついていた。

(2)　金属鉱業の発展と公害問題

金属鉱業の中心である製銅業は、日本資本主義確立期における重要な輸出産業であった。一八八五年以降、足尾（古河）・別子（住友）・小坂（藤田）の三大銅山を中心に生産された銅の七〇％以上は輸出に向けられ、総輸出額中に占めるその比率は五％を超え、最高の一八九〇年には九・五％に達していた。こうした条件の下に、各銅山は急速に生産設備の近代化を遂行した。

別子銅山では一八七九年に吹床製錬から溶鉱炉製錬への転換がはかられ、この変化は一八九〇年の足尾銅山における角型水套熔鉱炉の成功により決定的となった。また足尾では同年末、日本最初の水力発電が設置され、これを契機に鉱山電化が進められ、電気ポンプによる排水、電気捲揚機械の導入が行われた。さらに足尾では、九三年に錬銅工程にベッセマー法が採用され、それまで三二日間を必要とした鉱石から銅になるまでの工程が二日間に短縮された。また、一九〇〇年に小坂銅山が採用した自溶製錬法は、燃料を大幅に節約するとともに焙焼工程を不要とした画期的進歩であった。

こうした一連の技術進歩によって、一八七四年には二一〇七トンに過ぎなかった日本の産銅量は、七七年には三九四三トンとなり、八七年には一〇〇〇〇トン、九七年には二〇〇〇〇トンを超え、一九〇七年には三八七一四トンに達した。製銅業の急激な発展は、住友・古河・久原などの財閥の成長をもたらすとともに、激しい環境破壊をともない、一連の鉱害・煙害問題をひきおこした。その最大の事件が、足尾鉱毒事件であった(注6)。

製銅業の公害問題は足尾だけのものでなかった。住友の別子でも、一八九二年頃より新居浜の製錬事業が急速に拡大するとともに周辺の農作物に対する煙害もまた激増した。被害農民はしばしば住友に押しかけ、一八九四年七月には多数の農民が新居浜分店を襲撃する事件が起きた。このため製錬所は瀬戸内海の四阪島に移転することとなり、一九〇四年にこれが竣工したが、その結果は予想に反して東予地方一帯の広域被害となった。住友は当初は煙害を否定したが、持続的な農漁民運動の圧力のなかで、一九一〇年にいたり処理鉱量の制限などの防止対策をふくむ契約を締結をするにいたった。なお別子銅山では植林がすすめられ、足尾のように禿げ山と化することがなかったのは、企業の公害への対応の差異として注目に値する。

(3)　鉱山業の賃労働の特徴

基幹工程である採鉱を坑夫の手労働に依存したままでの鉱山業の急激な発展は、膨大な数の労働者の鉱山への急速な編入をもたらした。一八九三年から一九〇九年までの十数年間において、鉱山労働者数は八万七千人から二三万四千人へと三倍近くに増加したが、その中心をなしたのは石炭山であった。この石炭山を中心とする膨大な数の労働者の鉱山への編入、労働者の調達・確保とその統轄を担ったのが、納屋制度・飯場制度の展開であった。

納屋制度・飯場制度は、明治維新後しばらく存続した石炭山における棟梁制度、金属山における山師制度が解体し、その機能が資本の支配下に再編されたものであり、その古典的形態は、経営主の指揮の下に、その雇人である納屋頭・飯場頭が、①鉱夫の募集、②作業請負、③配下鉱夫の就労の指揮監督、④その賃金の一括管理（配分と一定歩合の天引きを伴う）、⑤その生活管理のための納屋・飯場を営むものである。一八九〇年代から一九〇〇年代にかけて納屋制度・飯場制度の展開過程において、鉱山への機械の導入、とくに捲揚機の普及と運搬過程の機械化に対応して、大資本経営を中心に職工および製錬夫だけでなく坑夫に対しても直轄制が進められ、その古典的形態が変質していった。

一八九〇年代末の筑豊炭田においては、普通小坑ではなお坑夫の雇入や監督をすべて納屋頭に一任していたが、一〇〇〇人以上を使用する大炭鉱では、運搬過程の機械化に対応して坑内作業に対しても炭鉱資本による直接的な管理が進められた。たとえば三菱の新入炭坑では、坑夫の雇用に事務所が干渉し、作業請負を廃止するなど坑夫の直轄制が進められた。しかしなお、納屋頭の就業監督・賃金管理の機能は残された。三井の田川炭鉱や山野炭鉱でも納屋制度が変質させられ、坑夫の直轄制が進められた。要するに筑豊では、納屋頭のほかに彼の配下として坑内作業を直接に監督する小頭が登場し、納屋頭は坑内作業請負・管理機能を弱めながら、坑夫の募集とその納屋生活管理、就業の監督、賃金の一括受取とその歩合金の天引という機能を保持しつづけていた。それは、一九〇〇年前後の筑豊では、採炭過程が道具（ツルハシとガンヅメ）と熟練に依存し、一丁切羽が支配的だったことによっている。

坑夫の直轄制がもっとも進んだのは、三菱の高島炭鉱と三井の三池炭鉱であった。高島では、一八九八年頃納屋頭請負の制を廃止し、坑夫の直接募集、賃金の直接支払（納屋頭手数料廃止）、坑夫の家庭持ち許可と社宅制度への移行、生活必需品の払下げ等の改革が行われた。また三池では、ほぼ一九〇〇年代半ばに直轄坑夫制へ移行し、それと同時に、夫婦者・家族持ち坑夫の優先採用や小屋＝社宅制度の成立、炭坑直轄の「売勘場」制度の拡充、出役奨励金の支給による坑夫定着策がとられた。しかしなお、遠隔地募集のために募集嘱託員が配置され、とくに与論島労働者に対する強制的飯場制度である「与論人夫小屋」や囚人労働がその底辺に存続していたことも忘れてはならない。

金属鉱山においては、製錬部門が早くから直営とされたが、その採鉱法が槌とタガネを使用して富鉱部のみを採鉱する抜き掘法に依拠していたため、坑道運搬が機械化されながらも、採鉱作業を熟練坑夫の技能と指揮監督力にながく依存し、そのために、日清戦後にいたるまで、坑夫の募集、飯場の経営だけでなく、採鉱作業の請負も飯場頭によって行われていた。しかし、足尾・別子などの大規模な鉱山では、運搬・排水・製銅等の一応の機械化の完了を前提にして、一九〇〇年頃に階段掘法への転換が本格的に開始された。それに伴い、採鉱作業の指揮監督が旧来の経験的熟練よりも「科学的技術」に多く依存することとなり、また、切羽が集約・整理されたため資本の直接的・統一的な作業管理が容易になったことを基礎として、一九〇〇年代半ばに飯場頭の作業請負の廃止（すなわち鉱業主による作業統轄）を中心とする飯場制度の変質がみられた。

ここでも、作業請負の廃止は、直ちに飯場頭を生産過程から排除することを意味しなかった。鉱夫の出役督励や配下鉱夫の作業監督さえ残され、また、鉱夫の募集とその確保（前貸金による束縛を含む）と飯場による日常生活管理の機能はかえって意義を増し、賃金決定権は弱化されたが、鉱夫賃金の一括代理受取も残された。しかし、鉱夫（とくに基幹鉱夫である坑夫・支柱夫など）が鉱業主の直接雇用となり、鉱業主による直接統轄が進められた結果、鉱夫の自立化が進むと同時に、飯場頭の中間搾取者としての寄生的性格が一層明確にされ、鉱夫との対立を深めることとなった。日露戦後の「足尾暴動」をはじめとする一連の鉱山騒擾は、このような飯場制度の変質・弱化を基礎に、物価騰貴による実質賃金切下げを契機に、飯場頭への公然たる反抗として発生したものであり、それはさらに飯場制度の解体、その「世話方制」への移行を促すこととなった。

とくに一九〇七（明治四〇）年の「足尾暴動」と呼ばれる足尾銅山争議は、南助松と永岡鶴蔵が坑夫を組織した大日本労働至誠会足尾支部が、坑夫の労働条件改善、賄賂による情実配置を行う現場員の排斥等を求めて運動を開始し、二四ヵ条の請願書を決定し、友子同盟と共同して飯場制度を弱める地歩を固めたが、請願書提出直前に一部坑夫の事務所襲撃事件が発生し、軍隊の出動で「暴動」は終息したもので、当時の社会運動に大きな影響を与えた。

さて、納屋制度・飯場制度が変質ないし解体する一九〇〇年代後半の鉱夫の中では、採鉱過程の坑夫・支柱夫および手子が中心的部分を占め（とくに石炭山の場合その比重が高い）、それに金属山の場合製錬夫が加わり、坑内外の運搬夫、坑外の選鉱夫、坑内外の諸職工、同じく雑夫などで構成されていた。ここでは、機械化に伴う諸職工の増大、とくに雑夫の比重がかなり高いことと、女子労働者（主に選鉱夫と石炭山の手子）の比重がかなり高いことが注目される。

女子労働者の比重の高さは、夫婦ないし家族持ち労働者の増大によるものである。当時の採鉱夫の賃金は、労働の苛酷さに関係して、重工業大経営労働者よりもかなり高い水準にあり、重工業労働者と同じくようやく下層社会からの脱出を開始していたが、なお家族の就業によって労働者家族の再生産が可能となる状態にあった。これに対し、かなりの比重をしめる雑夫（人夫・日雇）はなお下層社会と同様な水準にあった。鉱山でも、基幹労働力のプロレタリアートとしての成長と同時に、労働者の重層的構成が明確となりつつあったのである。また、三菱の高島炭鉱や三井の三池炭鉱のように、一九〇〇年代半ばに直轄坑夫制へ移行し納屋制度が解体したところでは、社宅制度（いわゆる炭住）や生活品販売所が成立してくるが、しかし、筑豊だけでなく全国的に、中小炭鉱では一般になお納屋・飯場が存続していたことも忘れてはならない。

第二節　貿易の発展とその構造

一　世界経済の構造変化

一八七三年恐慌から九〇年代半ばまでの四半世紀にわたったいわゆる「大不況」は、世界経済の一定の構造変化に起因するものであったが、同時にまた「大不況」とそれからの脱出過程は、世界経済の構造変化を決定的なものとするにいたった。

第一に、ドイツとアメリカ合衆国の工業的発展により、世界市場におけるイギリス工業の独占的地位が崩壊し、諸国間の競争が激化すると同時に、新たに多角的な世界貿易構造が成立したことである。しかもドイツとアメリカ合衆国の工業的発展は重化学工業を中心とするものであり、いち早く独占体を成立させたため、二〇世紀の主要資本主義諸国内の対立は独占資本の利害を基礎とするにいたった。イギリスは、工業国家としての地位を低下させ、国内農業の衰退も加わって、貿易収支において入超を巨大化させた。その中で商品輸出先を欧米から英帝国圏・中南米・極東へ移行させ、同時に対外投資を増大かつ多面化させ、その結果投資収益や貿易外収支の増大によって、世界貿易金融の中心的地位を強化した。こうしてイギリスは、この時期に確立した国際金本位制（従属国の金為替本位制をふくむ）のもとで、新たな多角的国際決済機構の中心国となった。

第二に、たとえば南欧のイタリア、東欧のロシア、新大陸のカナダおよび極東の日本など、一連の周辺資本主義諸国が成立したことである。これら後進資本主義諸国の成長は、先進資本主義諸国の資本と技術に支えられたもので、後者への金融的・技術的従属性をもったが、同時にこれら諸国の工業的発展は、世界経済循環を一層複雑化させることとなった。

第三に、以上の資本主義諸国の動向によって、アジア・中南米・アフリカの低開発諸国をふくむ文字通り世界的規模での工業原料・食料市場が、多角的な世界貿易構造の主要な一環として成立したことである。それはイギリスを先頭とする先進資本主義諸国による資本輸出に支えられたものであったが、そのことによって、それら低開発諸国はモノカルチュアとして世界経済の中に構造的に編入され、その内部構造を植民地的に再編されることとなった。イギリスの後を追ってその他の先進資本主義諸国も資源と権益を求めて関係地域への資本輸出を展開し、こうして、帝国主義諸国のアジア・中南米・アフリカに対する植民地支配、その分割と再分割競争が本格化するにいたった。

日本において産業革命が進展し、資本主義の確立をみるにいたった一八九〇―一九〇〇年代は、このように世界経済が「大不況」を克服して古典的な帝国主義体制を成立させた時期であった。日本資本主義の確立過程は、同時に、このような新たな世界経済体制への編入過程に他ならなかった。

二　貿易の発展とその変化

産業革命が進展した一八九〇年代に、日本の貿易は急速に発展し、一九〇〇年前後には貿易依存度

表5　主要品目別・相手国別貿易構成（1901-03年，1910-12年）　　（千円）

		合計(%)		イギリス	ドイツ	フランス	アメリカ合衆国	仏領インドシナ	英領インド	香港	清国	韓国	(台湾)
輸入	米	27,197	(9.7)	—	—	—	0	7,353	11,843	—	1,085	4,917	3,808
		21,214	(3.9)	—	—	—	0	6,897	8,987	20	222	2,823	8,396
	豆腐	6,369	(2.3)	0	0	0	2	6	45	—	3,945	2,354	…
		14,030	(2.6)	0	0	0	3	9	230	—	9,192	4,397	…
	油粕	9,659	(3.4)	0	—	—	68	—	—	—	8,038	10	…
		*25,632	(4.7)	22	12	—	34	—	929	2	24,513	*45	…
	砂糖	22,976	(8.2)	19	4,948	4	19	6	9	4,912	1.117	—	…
		12,772	(2.4)	1	0	2	54	—	0	300	169	—	33,259
	綿花	70,018	(24.9)	—	—	—	14,458	818	38,895	—	13,347	83	…
		169,097	(31.2)	—	—	—	37,018	976	99,320	1	25,274	310	…
	羊毛	3,779	(1.3)	424	1,395	227	2	—	77	—	352	—	…
		13,706	(2.5)	6,706	392	230	80	—	3	—	452	—	…
	綿糸	2,463	(0.9)	2,447	8	5	1	—	—	—	—	—	…
		553	(0.1)	447	88	4	0	—	0	—	0	—	…
	綿織物	11,454	(4.1)	10,442	524	33	113	—	0	0	1	0	…
		12,486	(2.3)	11,717	315	18	99	—	0	0	1	—	…
	毛織物	9,355	(3.3)	3,885	2,178	1,875	2	—	—	—	0	—	…
		12,239	(2.3)	8,096	2,843	245	36	—	—	0	0	—	…
	石油	13,779	(4.9)	—	—	—	10,237	—	—	—	—	—	…
		13,267	(2.4)	—	—	—	9,346	—	—	—	—	—	…
	鉄類	14,789	(5.3)	7,734	2,881	100	923	—	—	4	36	0	…
		*43,670	(8.1)	21,512	9,699	161	6,197	0	560	24	1,101	*1	…
	機械類	11,024	(3.9)	5,745	1,301	149	3,565	—	—	—	0	0	…
		24,140	(4.5)	12,137	5,475	155	5,857	—	0	—	3	—	…
	汽船	1,929	(0.7)	1,750	11	—	10	—	—	9	—	0	…
		2,820	(0.5)	2,604	83	—	19	—	—	—	5	—	…
	計	281,561	(100)	49,892	27,031	4,536	45,899	8,437	53,992	5,112	37,769	8,974	8,161
	(其他共)	541,941	(100)	107,338	53,832	5,448	87,655	8,335	113,600	753	80,456	12,434	49,061

	%		(100)	(17.7)	(9.6)	(1.6)	(16.3)	(3.0)	(19.2)	(1.8)	(13.4)	(3.2)	
			(100)	(19.8)	(9.9)	(1.0)	(16.2)	(1.5)	(21.0)	(0.1)	(14.8)	(2.3)	
輸出	米	6,184	(2.3)	823	670	285	647	—	6	697	45	88	483
		4,784	(1.0)	541	55	42	1.105	1	2	5	97	51	868
	水産物	6,752	(2.5)	22	93	6	79	0	21	3,355	2,604	102	238
		9,974	(2.0)	112	272	104	279	11	61	3,695	3,784	186	3,119
	茶	11,091	(4.2)	20	0	2	9,465	0	11	5	105	12	…
		*14,128	(2.8)	11	6	0	12,732	0	0	1	96	*56	…
	生　糸	75,319	(28.2)	214	1	16,178	46,100	—	0	—	—	0	…
		136,138	(27.1)	247	7	19,845	98,827	—	1	—	—	—	…
	羽二重	25,369	(9.5)	5,513	735	6,816	5,200	2	2,046	3,317	111	3	…
		28,754	(5.7)	5,645	1,693	8,672	3,645	2	5,050	93	11	0	…
	綿　糸	24,262	(9.1)	—	—	—	—	0	0	1,709	21,150	1,235	46
		48,232	(9.6)	1	—	1	—	—	373	3,115	41,896	1,876	146
	綿織物	6,112	(2.3)	17	5	5	41	1	25	985	1,863	2,797	…
		27,685	(5.5)	78	35	20	154	7	309	767	17,941	6,560	…
	マッチ	8,012	(3.0)	0	0	—	7	—	921	3,076	3,111	244	254
		11,144	(2.2)	0	—	0	8	5	1,419	2,789	4,926	407	374
	石　炭	18,024	(6.8)	76	—	5	326	88	1,292	5,349	7,233	140	77
		*18,192	(3.6)	59	26	0	405	136	444	5,171	6,568	*244	313
	銅	13,304	(5.0)	1,490	901	121	181	3	279	6,179	2,185	126	—
		*22,237	(4.4)	3,948	1,816	2,606	5,144	6	919	3,960	2,691	*85	84
	計（其他共）	266,718	(100)	15,124	5,058	29,613	78,422	168	7,604	32,462	51,586	11,229	9,737
		502,553	(100)	26,466	12,112	44,124	151,712	387	20,892	25,565	120,923	30,755	35,376
	%		(100)	(5.7)	(1.9)	(11.1)	(29.4)	(0.1)	(2.9)	(12.2)	(19.3)	(4.2)	
			(100)	(5.3)	(2.4)	(8.8)	(30.2)	(0.1)	(4.2)	(5.1)	(24.1)	(6.1)	
貿易収支		△14,843		△34,768	△21,973	25,077	32,523	△8,269	△46,388	27,350	13,817	2,255	1,576
		△39,361		△80,872	△41,720	38,676	64,057	△7,948	△92,708	24,812	40,467	18,321	△13,685

大蔵省『大日本貿易年表』各年，東洋経済新報社『日本貿易精覧』増補再版，1935年より作成．

上段1901-03年平均，下段1910-12年平均．△は入超．台湾の移出入は合計にふくまず．韓国の＊は合計にふくめない．

（対粗国民支出）は一〇％を超すと同時に、そのあり方が大きく変化した。

貿易の相手地域は、欧米へ集中した形から、アジアの比重が高まることによって、欧米とアジアとが二分する形に変化した。それとともに貿易の商品別構成も大きく変化した。輸出では、生糸の「輸出の大宗」としての地位は変らず、羽二重と合わせて三分の一の比重をしめているが、茶・米・水産物の比重が著減し、代って綿糸および綿織物が台頭し、石炭・銅の比重も増大した。輸入では、綿糸および綿織物・毛織物の比重が著減し、代って綿花の比重が著増して輸入第一位となり、また、米・豆・油粕等の食料・肥料用農産物が急増し、鉄・機械類の比重も高まった。このような傾向は、日露戦争を間にはさむ一九〇〇年代から一九一〇年代にかけて、一層明確となった（表5）。

しかし、貿易収支は、イギリス・ドイツに対する金属・機械類輸入による赤字と、インドをはじめとする東南アジアに対する綿花および食料輸入による赤字とを、アメリカ・フランスに対する生糸・絹織物輸出による黒字と、中国・朝鮮に対する綿製品輸出による黒字とが、十分にカバーしえないで、たえず入超傾向にあり、それが産業革命の進展に伴って拡大する傾向にあった。

三　資本主義確立期の貿易構造

一九〇〇―一〇年の資本主義確立期の貿易は、(1)イギリス・ドイツおよびフランスを中心とする対ヨーロッパ貿易、(2)対アメリカ合衆国貿易、(3)英領インドを代表とし、仏領インドシナ・蘭領インド・シャム等からなる対東南アジア貿易、(4)清国・韓国および香港からなる対東北アジア貿易の四つの主要環節から構成されていた（表5参照）。

(1)　対ヨーロッパ貿易

対ヨーロッパ貿易は、量的には対アジア貿易より少額だが、鉄類・機械類・化学製品および汽船などの重化学工業製品（基礎的生産財）の輸入をイギリスおよびドイツに依存している点で、質的に決定的な意味をもっている。表示の外に、「特別輸出入」にふくまれる軍艦と兵器・弾薬等の軍器の輸入もイギリスおよびドイツに依存していたと推定されるが、それをもふくめて、日本の重化学工業の一般的低位性がこの環節によって補充されていたのである。日露戦後、官営工場および民間造船所を中心とする国内重工業の一定程度の発展により、軍艦・軍器および汽船の輸入は減少するが、鉄類・機械類の輸入はむしろ増大し、対イギリス・ドイツ貿易収支の赤字が増大していった。そのなかで、生糸・羽二重の輸出のため出超となっている対フランス貿易が、対ヨーロッパ貿易収支の赤字を緩和していた。

(2)　対アメリカ合衆国貿易

対アメリカ合衆国貿易は、圧倒的に多額の生糸の輸出と、原綿および石油・鉄類・機械類の輸入、それによる巨額の出超によって特徴づけられていた。日本の最大の外貨獲得源である生糸輸出が、アメリカ合衆国への集中度を強めつつ増大し、この時期に日本生糸がアメリカ市場で欧州糸・中国糸を凌駕したことはすでにみたが、しかし同時に、原綿および鉄類・機械類の輸入増加がはじまり、全体として対アメリカ合衆国貿易が増大するなかで、貿易収支の黒字の増大が相対的に低下しはじめることに注意しなければならない。

(3) 対東南アジア貿易

対東南アジア貿易は、綿花および米などの工業原料・食料の巨額の輸入と、繊維・雑貨製品の若干の輸出で構成され、貿易収支が巨額の赤字であることを特徴とする。この地域は欧米列強の植民地支配下にあって、工業製品の輸出が容易に進展しなかったのに、綿紡績業の発展により原綿輸入が著増したため、日露戦後には貿易収支の赤字はいっそう増大した。

(4) 対東北アジア貿易

対東北アジア貿易は、綿糸・綿織物および雑貨製品ならびに石炭・銅の輸出と、綿花・大豆・油粕および米の輸入で構成され、貿易収支が大幅な黒字であることを特徴とする。このうち対香港輸出は、清国の貨幣材料用の銅をのぞけば、欧米船用石炭をはじめとして事実上欧米向けであり、かつ減少傾向にあった。注目すべきは、この時期に、綿糸・綿織物の輸出と大豆・油粕の輸入が著増したため、対清国・韓国貿易の比重が増大するとともに貿易収支の黒字幅が著増し、この二国への黒字が対アメリカ合衆国貿易の黒字に匹敵するにいたったことである。それは、韓国の植民地化、中国（「満州」）への侵略の開始に対応するものであった。

なおそれに関連して、植民地台湾との移出入の増大、とくに砂糖および米の移入の著増も注目される。それは、他地域からの砂糖・米の輸入を減少させ、外貨節約の役目を果たすものであった。

以上四つの主要環節から構成される日本の貿易の特徴を、総体として、世界貿易体系との関連で要約すると、(1)(2)の対欧米貿易は、繊維原料（ただし半製品）である生糸を輸出して重化学工業製品を輸入する、後進国型・従属国型の貿易関係にあり、そのために入超傾向にあった（それを支えるアキレスの腱は生糸輸出であった）が、他方、(3)(4)の対アジア貿易は、工業原料・食料を輸入して工業製品である綿製品を輸出する、先進国型・工業国型の貿易関係にあるという、二面的性格をもっていた。

この二面をふくむ総体を世界貿易体系からみれば、当時形成しつつあった帝国主義的世界体制＝多角的貿易・決済システムのなかで、Ⅰ（アジア→イギリス）―Ⅱ（イギリス→アメリカ）―Ⅳ（アメリカ→アジア）という主要貿易環節系列（矢印は支払方向を示す）の一環または迂回路にとどまるが、アジアのミクロ・コスモスでは、先進国型・工業国型貿易を展開することにより、とくに東北アジアにたいし対植民地的貿易関係を強化することにより、日本を中心とする独自の貿易環節を形成しはじめたのである（図1、図2を参照）。しかしこの時期には、欧米列強の植民地である東南アジアへの工業製品輸出には大きな制約があったため、対アジア貿易も赤字基調であった。こうして日本は、たえざる入超になやまされなければならなかった。日清戦後には清国からの賠償金で入超を補填したが、無賠償に終った日露戦後には外債が累積するにいたった。

貿易の入超構造は、軍事的・半封建的日本資本主義の構造的特質の反映であった。欧米への従属から脱却するために対アジア軍事侵略をすすめるほど、重工業製品・基礎素材の輸入が拡大するという矛盾を解決するために、重化学工業の自立化が必至の課題として要請されたのである。

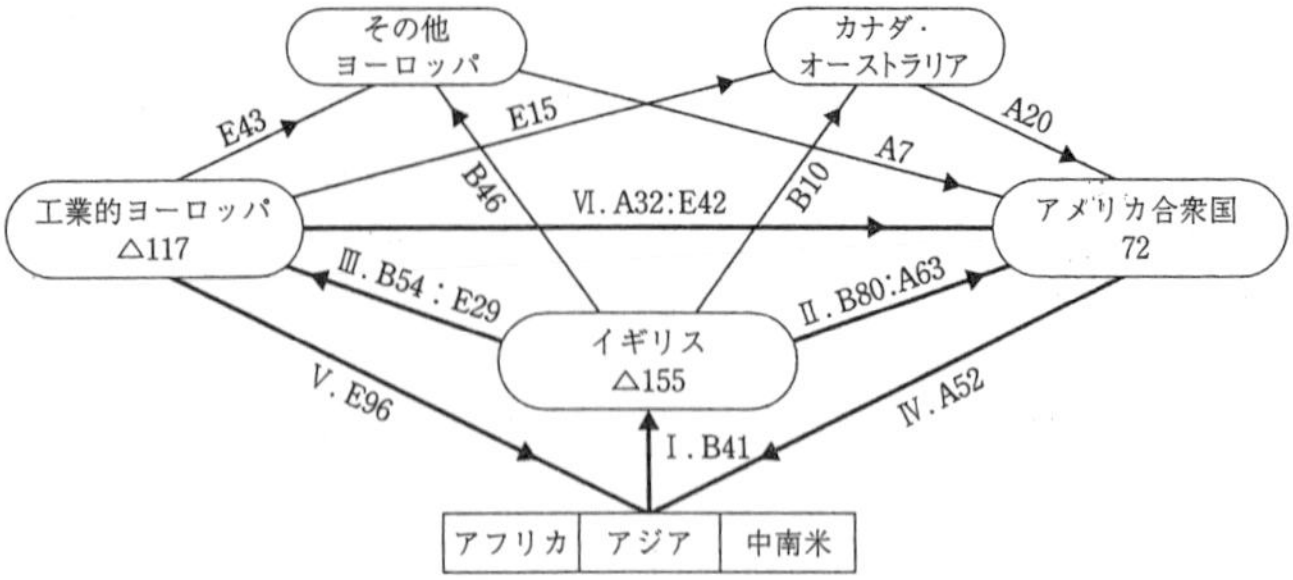

図1　世界貿易の基本的体系（1909年）

名古屋大学経済学部附属経済構造分析資料センター『調査と資料』61号，1976年6月，45頁による．

I-VIは主要環節を示す．数字は貿易収支（百万ポンド）．国名の下の数字はその国の貿易収支．△は入超．工業的ヨーロッパはドイツ・フランスの合計．アルファベットは統計数値を引用した国を示す（A：アメリカ合衆国．B：イギリス．E：工業的ヨーロッパ）．矢印は貿易差額の支払い方向を示す．

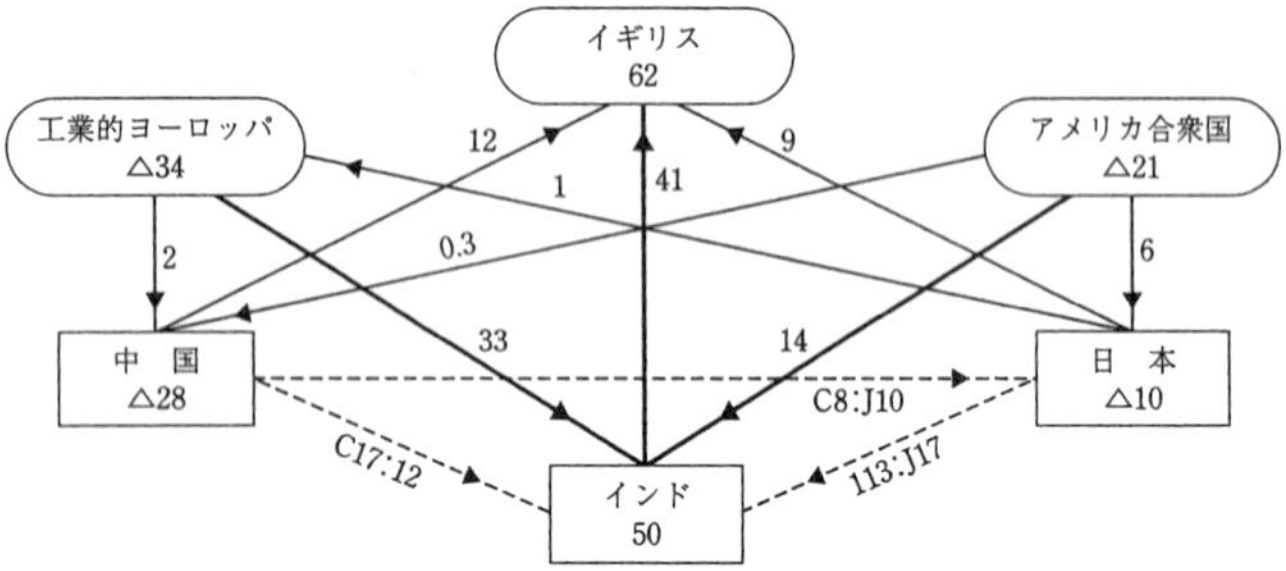

図2　アジア貿易の基本構成（1913年）

出典は図1と同じ．

——は主要環節を示す．……はアジア内貿易を示す．数字は貿易収支（百万ポンド）．国名の下の数字は，アジアの場合その国の貿易収支．欧米の場合は対アジア貿易収支．△は入超．アルファベットは統計数字を引用した国を示す（J：日本．C：中国．I：インド）．矢印は貿易差額の支払い方向を示す．

第三節　農業生産の発展と地主制の拡大

一　「米と繭」を中心とする農業生産の発展

産業革命の過程では、鉱工業生産だけでなく、農業生産も「米と繭」を中心として着実に発展し、それと同時に拡大もした。米の消費量は産業革命期に四〇％も増大したが、生産量も三六％増大し、一八九七（明治三〇）年を画期に日本は米の輸出国から輸入国に転じた。しかし米の自給率は九四―九六％という高水準に維持された。それを支えた米の増産は単位面積当りの収穫量の増大によるところが大きいが、作付面積も着実に増大している。

この時期の米の増産をもたらした米作の技術変革は、概括して「明治農法」と呼ばれている。それは、従来の湿田・刈敷・浅耕に代えて、乾田・馬耕・購入肥料多投の導入を基本とするものであった。乾田・馬耕などの農業技術の改良は、従来の「老農」技術の普及とそれを継承した農事試験場によってすすめられた。また購入肥料は、北海道の魚肥の移入や、とくに日清戦争以降の「満州」からの大豆粕の大量の輸入をもたらした。その他にも、「塩水選種法」や短冊苗代、正条植と除草器「太一車」の普及などがすすめられ、さらに、政府の指導のもとに耕地整理にも着手された。

生糸輸出で発展する製糸業の原料繭消費量の伸び率は、年率にして一一・一％という驚異的な高さであった。この急増する繭需要に対する供給が、自作および自小作上層の零細農民経営の副業によって、完全に自給的に達成され、それは零細農民経営を支える重要な現金収入源となった。繭生産量は一八八〇—八四年平均が一二二万二二五〇石、一八九五—九九年平均が二四六万〇八〇三石で、一五ヵ年間に一〇一%増加している。養蚕戸数は、一八九五—九九年平均で一三〇万九三二八戸、総農家戸数の二四・三%、一八九九（明治三二）年には総農家戸数の二五・二%に達していた。養蚕が一八九〇年代後半にすでに四分の一以上の農家に普及していたのである。

二　農家規模の零細化と地主制の拡大

米作の発展を基礎に地主制も拡大した。地主制は松方デフレ期（原始的蓄積期）に全国的に拡大するが、その後も拡大をつづけている。全国的統計でみると、松方デフレ期の一八八三・八四（明治一六・一七）年から資本主義確立期の一九〇八（明治四一）年にかけて、自作農は三七・三%から三二・九%へ減少し、自小作農も四一・八%から三九・九%へ微減し、小作農が二〇・九%から二七・二%に増大している。この間に小作地率は、三五・五%から四五・五%へかなりの増大を示している。つまり、地主制は松方デフレ期に成立し、そして産業革命期に確立したのである。ただし、この全国的動向にはかなりの地域差があり、東北型と近畿型ならびに養蚕型（東山型）の三地域区分に即してみると、近畿型地域では産業革命の始期に、東北型地域ではその終期に、そして養蚕型地域ではその中間の時点で確立している。

なお、地主制の確立過程において小作地の集中がすすみ、巨大地主および大地主が全国的に発生した。全国の耕地五〇町歩以上所有の地主の戸数は一九二三（大正一二）年までかなり急速に増大し、五〇七八戸のピークに達し、以後減少した。また一〇―五〇町歩地主は、一九〇八（明治四一）年の約四万戸から一九二八（昭和三）年の四万八五〇三戸へ漸増し、以後減少したのち、また増加に転じて一九三四（同九）年に四万六四一六戸の第二のピークを形成した。この全国的動向にも地域差があり、概して東北型（東日本）地域では巨大地主および大地主（在村地主）が頑強に存続している。これに対し近畿型（西日本）地域の大地主戸数はピークが早く、また小作料の有価証券投資（地主のレントナー化）もいち早くすすんでいる。

一方、農家経営規模からみると、一八八八（明治二一）年から一九〇八（同四一）年にかけて、全体として経営規模の零細化が進展している。この時期の農民層分解については、両極分解説が有力であったが、それに対する批判的見解が提出され、しかも地域的な差異があることが明らかにされているので、全般的な両極分解説は成立しないといってよい。むしろ、多数の農家経営の零細経営の集積・固定化の基礎のうえに、家計補充的低賃金収入の補充なしには再生産不可能な零細農家群が大量に生み出され、こうして「高率小作料と低賃金の相互規定関係」が一般的に成立し、この基本関係成立を基礎に日本地主制が最終的に確立するのである。

第四節　確立期日本資本主義の構造的特質

産業革命を経て一九〇〇（明治三三）—一〇（同四三）年ごろに確立した日本資本主義は、次のような構造的特質をもつにいたった。

(1)　国家主導的・軍事的性格

日本における産業資本確立過程の特徴は、自生的な生産力発展が「本来的マニュファクチュア時代」を明確に形成することなく、小商品生産の広範な展開が地主制・問屋制を随伴せざるをえないような段階に、すでに帝国主義段階への移行期にあった資本主義世界の国際的契機に規定されて展開したこと、そのために、先進資本主義への依存・従属的性格をもつとともに、その従属からの自立化を課題とする天皇制国家の主導のもとに、朝鮮・中国への軍事的侵略（日清・日露戦争）に支えられて推進されたことである。このような確立過程の特徴のために、日本資本主義は、国家主導的・軍事的性格をもつことになった。

国家主導的・軍事的性格は、具体的にはまず、官営軍事工場・製鉄所および国有鉄道を中心とする国家資本の構成的比重の高さに現われている。さらに国家主導的性格は、民間産業に対する財政資金の集中的投下や日本銀行・特殊銀行・大蔵省預金部等を通ずる金融的支援に現われている。そして注目すべきことは、植民地銀行・特殊銀行・特殊会社・鉄道および政府借款を通ずる朝鮮・中国への侵出にも、国家が先導的役割を果たしたことである。

(2)　半封建的・前近代的性格

日本の産業革命においては、繊維工業（とくに綿業の紡績業と絹業の製糸業）が工場制工業発達の主導的地位を占め、それが日本資本主義それ自体の基軸を構成するにいたるが、その繊維工業の発展にとって、松方デフレによって全国的に形成された半封建的地主制の下の零細農家から不断に大量に供給される出稼ぎ型低賃金労働の存在が不可欠の条件であった。農村の相対的過剰人口を供給源とする低賃金労働は、紡績業・製糸業における出稼ぎ型若年女子労働に典型的にみられたが、それだけでなく、重工業・鉱山業・建設業などの不熟練男子労働でも広く存した。農村の相対的過剰人口はまた、織物・製茶・和紙・畳莚・麦稈真田などの在来産業における広範な零細工場・家内工業の存続の基礎をなしていた。

日本の地主制は、松方デフレ期に全国的に拡大したが、産業資本確立過程において、さらに、米作生産力の発展と養蚕業の普及による「米と繭」を基軸とする農業構造の定着によって、その基礎を安定させるにいたった。この過程で、高率小作料の支払いが家計補充的賃金収入によって可能とされ、また逆に家計補充的であるために低賃金労働となる、いわゆる「高率小作料と低賃金の相互規定関係」が一般的に成立した。また同時に、大地主層による小作料収入の農業外の有価証券への投資（小作料の資本転化）も一般化し、こうして資本制と地主制は、資本と賃労働の一側面において構造的に結びつくにいたった。

日本資本主義は、地主制をその不可欠の構造的一環として定置することによって、確立の基礎を得たが、そのことは日本資本主義に半封建的・前近代的性格を刻印することとなった。

(3) 産業発展の不均等性と産業構造の分断性

以上のような産業資本確立過程の特徴のために、いろいろな産業部門の発展が極端に不均等なかたちをとり、こうして、大工業・マニュファクチュア・独立小営業・家内工業など、発展段階が異なるさまざまな生産諸形態が重層的に存在するにいたった。

一九〇九年の最初の「工場統計表」によると、生産財生産部門においても消費財生産部門においても、工場数において、三〇人未満雇用の工場(その多くは原動機を使用しない手工制工場)が圧倒的比重を占め、とくに一〇人未満雇用の零細工場が工場総数の半分以上を占めていた(表6を参照)。さらに、この「工場統計表」に表われない労働者五人未満の家内工業が、たとえば製茶九二万戸、織物四七・八万戸、製糸三七・九万戸、真綿製造一七・九万戸、畳莚類一一・七万戸、真田類八・三万戸、和紙五・五万戸等、実に膨大な数存在した。そして、これらの多くは、農家の家内工業であったが、その基礎には、有業人口約一六〇〇万人をかかえる約五〇〇万戸の零細農家が存在したのである。

このような産業諸部門の極端に不均等な発展は、産業諸部門が相互に社会的関連をほとんどもたないで(養蚕―製糸、紡績―織物など部分的関連を内包しながらも)他律的に発展し、その社会的関連は外国貿易をつうじて完結されるかたちをとったことと関係していた。このような産業構造の分断性に応じて、賃労働の編成も分断的であったし、産業=貿易構造の分断性と対外依存性は、日本の支配

表6　民間工場・労働者の部門別・規模別構成（1909年）

部門別／規模別	総計	生産財生産 計	生産財生産 機械器具	消費財生産 計	消費財生産 紡織	紡織主要内訳 製糸	紡織主要内訳 紡績	紡織主要内訳 織物
工場数計	32,228 [100]	3,530 [11.0]	1,517 [4.7]	28,698 [89.0]	14,753 [45.8]	3,720 [25.2]	143 [1.0]	8,436 [57.2]
5－　10人	16,802	1,973	842	14,829	6,452	775	19	4,191
10－　30	10,812	1,099	469	9,713	5,375	1,160	21	3,418
30－　50	2,034	200	86	1,834	1,275	675	6	489
50－　100	1,460	131	64	1,329	951	649	7	224
100-－　500	980	115	45	865	585	436	23	95
500－1,000	82	7	6	75	64	21	30	9
1,000以上	58	5	5	53	51	4	37	10
労働者数計（千人）	800.6 [100]	86.6 [10.8]	46.4 [5.8]	714.0 [89.2]	486.5 [60.8]	191.6 [39.4]	103.1 [21.2]	155.2 [31.9]
5－　10人	108.4 (13.5)	12.4 (14.3)	5.3 (11.5)	96.0 (13.4)	44.3 (9.1)	7.2 (3.7)	0.1 (0.1)	27.8 (17.9)
10－　30	170.3 (21.3)	17.1 (19.7)	7.5 (16.2)	153.2 (21.5)	86.9 (17.8)	20.7 (10.8)	0.3 (0.3)	54.0 (34.8)
30－　50	76.1 (9.5)	7.5 (8.7)	3.2 (6.9)	68.6 (9.6)	48.1 (9.9)	25.8 (13.5)	0.2 (0.2)	18.2 (11.7)
50－　100	98.0 (12.2)	8.7 (10.1)	4.3 (9.3)	89.2 (12.5)	63.5 (13.0)	43.6 (22.8)	0.4 (0.4)	15.0 (9.7)
100－　500	180.8 (22.6)	23.7 (27.3)	9.7 (21.0)	157.1 (22.0)	104.3 (21.4)	75.6 (39.4)	7.0 (6.8)	16.8 (10.9)
500－1,000	55.8 (7.0)	4.8 (5.6)	3.9 (8.4)	51.0 (7.1)	44.4 (9.1)	13.8 (7.2)	21.4 (20.8)	6.8 (4.4)
1,000以上	111.3 (13.9)	12.4 (14.3)	12.4 (26.7)	98.9 (13.9)	95.0 (19.5)	4.8 (2.5)	73.5 (71.3)	16.6 (10.7)

塩沢君夫ほか編『日本資本主義再生産構造統計』より作成.
生産財生産・消費財生産の部門別は，同書の第I部門・第II部門の分類による．[　] 内は部門間比率（%）を，(　) 内は部門内比率（%）を表わし，紡織主要内訳欄の [　] 内は紡織全体に対する比率を表わす.

的資本である財閥の形態をも規定していた。

かかる産業＝貿易構造は、日本資本主義の構造的特質を総括的に示すものであるが、それは、形成しつつある帝国主義的世界体制、その多角的貿易＝決済機構の一環に日本資本主義が定置されることによって成立したものであった。

（注5） **産業革命の始期と終期について**

① 産業革命の始期について

機械制工場生産が自生的に発生した先進資本主義国イギリスにおいては、作業機の発明と応用が、マニュ経営主である小資本家または問屋を担い手として、その経営間の競争過程での新たな生産方法の採用として行われた。これに対し後進資本主義国においては、機械の導入が機械（しかもしばしば高度に発達した機械）の輸入または模倣という形で行われ、したがって多くの場合、機械制生産が地主・商人資本または国家を担い手として出発する。しかし、産業革命がたんなる技術革新でなく国民経済の社会変革である限り、その輸入または模倣機械を国民経済の中にいかに定着させるかが、産業革命の課題となる。こうして、後進資本主義国の産業革命の始期は、原始的蓄積の一定の進展の上に、輸入または模倣機（とくに作業機）が経営的安定と展望をもって定着した時期にあると規定することができるが、日本の場合には、それを、一八八一―八五（明治一四―一八）年松方財政下の原始的蓄積最盛期を経て、ほぼ一八八六（同一九）年頃から開始される最初の「企業勃興」期に認めることができる。

日本の場合の始期の中心的な指標は、産業革命を主導した紡績業において、国家的保護のもとに設立された二千錘紡績（水力利用）が停滞的状況に陥っていたとき、蒸気力を原動力とし一万錘以上の紡績機を導入して大規模工場として華族・問屋商人によって設立された大阪紡績会社が、創業（一八八三年）後間もなく昼夜業を実施して経営的成功を収めたこと、そしてそれを契機として、一八八六（明治一九）年から一八九〇（同二三）年にかけて、ぞくぞくと大規模紡績が出現したことに求めることができる。

それと並んで、輸出産業＝外貨獲得産業として日本資本主義の興隆を支えた製糸業において、イタリア・フランスの洋式技術を移植した官営模範工場や府県・政商経営工場が停滞する中から、長野県諏訪地方を中心に簇生した、洋式技術を折衷・矮小化した諏訪式器械による器械製糸工場が、一八八〇年代（明治一〇年代）後半に共同出荷結社・共同揚返工場を設立し、一八九〇年代（明治二〇年代）には、大量の若年女子労働を工場へ集積し、生糸輸出を本格的に開始した点に、特殊日本的な意味での指標を求めることができる。

②　産業革命の終了——資本主義確立期について

産業革命の始期については見解の対立がみられないが、その終期については見解がわかれている。本書では、山田盛太郎に代表される戦前来の通説、すなわち、「略《ほぼ》明治三十年乃至四十年頃」（ほぼ一八九七年ないし一九〇七年ごろ）を妥当なものとし、それを採用している。周知のように山田盛太郎はその『日本資本主義分析』において、「産業資本確立過程」を「生産旋回と再生産軌道定置との連繋の具象化」として把握する立場から、「総じて、産業資本の確立は、一般的には、生産手段生産部門と消費資料生産部門との総括に表現せられる社会的総資本の、それ自体の本格的な意味での再生産軌道への定置によって示され、特殊的には、衣料生産の量的及び質的な発展を前提条件とする所の、労働手段生産の見透しの確立によって示される」として、確立期を求めている。

「労働手段生産の見透しの確立」は、その素材である鉄の確保が日清戦争を契機とする大冶鉄確保＝八幡製鉄所設立と、日露戦争を契機とする満州鉄確保＝鞍山製鉄所設立とによって実現し、また「厳密な意味においては、機械を造る機械たる工作機械の生産指標としての、旋盤の完全製作」によって解決されたことに求めている。このように、金属工業と機械工業、とくに工作機械工業の成立に求めることは妥当なものと考えられる。

右の山田盛太郎の『日本資本主義分析』に代表される戦前のほぼ通説的な見解は、戦後、相対立する二つの立場から批判されるにいたった。その一つは、大内力に代表される見解（大内力『日本経済論』上、東京大学出版会、一九六二年）で、消費資料生産部門なかんずく綿工業での産業資本の確立をもって産業革命の達成——資本主義の確立を捉え、日本でのその時期を日清戦争後の明治三〇年代初頭（一九〇〇年頃）に求める見解である。この見解では、周知のような宇野弘蔵の経済学方法論に依拠し、世界史的「段階論」の日本資本主義への「現状分析論」的適用という方法でもって、日本の産業資本の確立がイギリスを基準として把握され、イギリスとほぼ同様に、「自由主義段階」の支配的資本である軽工業（なかんずく綿工業）の産業資本の確立でもって（重工業ではこの段階にはなお手工業的生産が支配的とみる）、資本主義の確立が規定される。しかし、方法論的にみて産業資本確立期の「段階論」は再生産論との密接な関連のもとに構成されなければならないし、また、古典的展開＝イギリスの場合に現実にそうであったように、消費資料生産部門なかんずく綿工業において産業資本が確立するだけでなく、それを前提として生産手段生産部門においても機械制工場生産化が進展し、とくに工作機械工業においても機械制工場生産化が開始され、こうして社会的総資本の再生産軌道が定置されることによって達成されたのである。こうした理解の上に、あらためて日本の場合の特殊性を問題とすべきなのである。

他の一つは、古島敏雄に代表される見解（古島敏雄『資本制生産の発展と地主制』御茶の水書房、一九六三年）で、主として全国的な統計的分析によって「全工業生産における資本制生産部門の地位」を検討し、従来の山田盛太郎に代表される通説を否定して「大正初期の発展に産業資本確立の問題を吟味すべき時点」を求める見解である。この見解の従来の通説批判の基準は、産業資本確立の実証を、紡績業・製糸業等の限られた産業部門の輸入額対輸出額、座繰製糸高対器械製糸高等の尖端的諸指標を追う方法によってではなくて、全工業生産における資本制工場生産の地位を数量的に確定する方法によってなすべきこと、また、官営ないし政府の保護のもとに展開した移植産業部門ではなく、自生的な発展段階を示す在来産業部門——それは農業における発展段階に照応する——における産業資本の確立が重視されねばならないこと、の二点である。

そして、その統計的分析の結果示された立論の要点は、第一に、全工業部門の中で「工場」数がもっとも多い分野でありながら、部門内では「工場」経営の比重はごく少数で家内工業形態が圧倒的に多い繊維工業が、全工業生産の中で占める比重（生産価額・労働者数からみて）が圧倒的であり、しかもその労働は主として婦女子の出稼ぎ労働に依存しているため小農生産を変革するものでないこと、第二に、紡績・船舶・洋紙等の移植産業部門を除いた自生的産業部門では、問屋制家内工業や商人資本の前貸下の小生産および小規模作業場の比重（経営数・労働者数からみて）が圧倒的に高く、この家内工業は一九一〇（明治四三）年前後でもなお増加ないし持続状況にあり、それは農業における地主制と密接に結びついていたこと、の二点である。しかし、まず方法論的にみて、後進資本主義国における産業資本の確立は、統計的数値による機械制工場生産の比重の数量的確定のみによっては捉えられない——その小生産支配が問題となる——し、また、自生的な発展段階を示すとされる在来産業の展開ないしそこでの零細工場・マニュ・問屋制家内工業の存在は、幕末期以来の自生的な発展のそのままの存続ではなくて、産業資本確立過程で資本のもとに編制替えされたもの――いわゆる「近代的マニュ」・「近代的家内工業」――として把握されるべきであり、また、それらの存続が地主制の展開と密接に関連しているとしても、地主制下の小農生産じたいが日本資本主義の再生産構造の一環に組みこまれていると理解すべきなのである。さもなければ、地主制が大正期以後後退するにしても強固に存続したことからみて、「自生的発展段階」は第二次大戦まで産業資本が未確立であったと主張しない限り首尾一貫しないであろう。

（注6）**足尾鉱毒事件**について

足尾銅山の鉱毒被害は、すでに一八八五年頃から渡良瀬川の魚類の大量死として気づかれていたが、一八九〇年の大洪水とともに被害が発生し、その破壊的影響が明らかになり、不毛状態となった沿岸の各村から栃木県および農商務省に調査や鉱業停止の要求が出された。しかし、古河と農商務省は、日清戦争による挙国一致体制を利用し、選鉱機の新設を公害防止設備の設置と偽って示談工作をすすめた。このために被害は年々拡大の一途をたどり、銅山による山林の乱伐と煙害によって水源が禿山とされたことによって生じた一八九六年の渡良瀬川大洪水は、栃木・群馬・埼玉・茨城・千葉および東京の一府五県の耕地数万町歩を一挙に不毛の地と化した。被害民は政府に対し、足尾鉱業停止・鉱毒地減租・堤防政策などの請願を次々と行うとともに、被害激甚地の中心にある藤岡町雲竜寺に足尾銅山鉱業停止事務所を設置した。

一八九七年三月、被害民は大挙上京して鉱業停止を政府に請願する「押し出し」を二度にわたり決行し、一大社会問題となった。政府は第一次鉱毒調査会を設置し、古河に三七項目の鉱毒予防工事命令を下すとともに鉱毒被害民に地租の減免だけを行った。予防工事は不完全だったため被害は続き、翌九八年にも二月、九月と「押し出し」を行うが効果なく、ついに一九〇〇年三月に四度目の「押し出し」を決行するが、利根川北岸の川俣において警官が農民に襲いかかり、主な活動家一〇〇余名を逮捕する川俣事件が発生した。

栃木県選出の衆議院議員田中正造は、一八九一年の第二議会以来足尾銅山の鉱業停止を説き、現地の鉱業停止事務所でも指導的役割を果たし、また大弁護団を組織して公判闘争を展開するが、さらに一九〇一年一二月、社会問題化によって解決を図ろうと議員を辞職して、明治天皇の馬車に鉱業停止を訴える直訴状をかかげて駆けよった。川俣事件と田中の直訴によって足尾鉱毒事件は一大社会問題となり、川俣事件は法廷内外での運動により全員無罪となった。鉱毒問題が全国の鉱山に波及するのをおそれた政府は、第二次鉱毒調査会を設置し、その答申を受ける形で鉱毒問題を治水問題へ転換することを企図し、日露戦争期に被害のもっとも激しい谷中村一帯を巨大な遊水池とする案を決定した。一九〇七年原敬内務大臣は谷中村民の抵抗を押し切ってこの案を強制実施し、谷中村は廃村となった。足尾山地の広大な禿山と三〇〇〇ヘクタールに及ぶ渡良瀬遊水池は、「百年公害」の実態をいまに伝えている。

第四章　第一次世界大戦と日本資本主義の変容

(1)　第一次世界大戦（一九一四―一八年）は、一方で、主要交戦国に国力を総動員する総力戦体制をとらしめることによって、帝国主義諸国の現代資本主義（国家独占資本主義）への移行の端緒となるとともに、他方で、ロシア革命（一九一七年）―ソビエト連邦の成立（一九二二年）をもたらし、帝国主義諸国の革命運動とその植民地・従属国における民族解放運動を高揚させることによって、資本主義世界を全般的危機の時代へ突入せしめる画期となった。

しかし、大戦後アメリカの主導のもとにヴェルサイユ条約による国際協調体制が形成され、ドルに支えられたポンド体制も再建されて、二〇年代後半には、アメリカの対欧投資に支えられた欧州諸国の経済的復興のうえに、資本主義世界の相対的安定期がもたらされた。

(2)　第一次大戦が勃発するや日本はいち早くドイツに宣戦し、青島《チンタオ》と南洋諸島（赤道以北）を占領し、旧ドイツ権益を接収しただけでなく、対華二一ヵ条要求を発して中国への本格的進出をはかった。さらに、大戦中欧州諸国の新たな経験を学んだ軍部の主導によって総力戦＝総動員体制の構築がはかられ、それが軍需工業動員法（一九一八年四月）の制定となって現実化された。それは、戦時に軍需関連の民間工業を政府の意思で動員することを可能とするだけでなく、つぎの総力戦に備えて平時から総動員計画を調査・立案しようとするもので、日本資本主義の現代資本主義（国家独占資本主義）への移行の法的端緒となった。しかし、ワシントン体制下の一九二〇年代には、軍需工業動員法は発動されず、軍部による総動員計画の立案もほとんど進展しなかった。

他方、日本資本主義の全般的危機への突入は、米騒動（一九一八年）と朝鮮三一運動・中国五四運動（ともに一九一九年）を起点とし、大戦末期から一九二〇年代にかけて労働争議・小作争議の本格的展開と朝鮮・中国での排日・抗日運動の発展によって明確となった。

大戦期に急膨張をとげ、経済的基礎を十分にもたないままに政治大国化した日本は、以上のような大戦後の新しい国際環境の下で、国内的には帝国主義の経済的基礎の内実化（とくに重化学工業化）、対外的には大戦期に膨張した帝国経済圏の維持とその支配体制の再編にせまられるのである。

第一節　第一次世界大戦と日本資本主義の急膨張

一　経済の急膨張と不可逆的変化

第一次大戦は日本経済に未曾有の好況をもたらし、日本資本主義を段階的に変容せしめる重要な契機となった。欧米とアジア・アフリカの輸出市場の急激な拡大および輸入途絶下での内需の拡大によって、大戦ブームがまき起こり、あらゆる分野で企業の新設・拡張が相つぎ、経済規模が急激に膨張した。一九一四年から一九年にかけて、国民総生産は、名目で四七億円から一五四億円へ、実質（一九三四―三六年価格）で八〇億円から一一四億円へ、名目二二六%、実質四二%の成長（第二次大戦前で最高）を記録した（後掲図4）。

また、貿易収支が入超から大幅な出超に転じ、海運業の活況による貿易外収入の増大にもよって、国際収支は大幅な黒字を記録し、日本は債務国から一挙に債権国へ転化した。

たしかに大戦景気は、思惑投機にあおられた価格景気という面をもっていたが、それにとどまらないものであった。

大戦期の次のような変化は、外在的契機によって与えられたものではあるが、大戦終了によって、元にもどれない不可逆的な内容をもっていた。

(1)　重化学工業の開始

第一に、紡績・織物・製糸の繊維工業の拡大だけでなく、造船・鉄鋼・電力・電機・化学など、民間重化学工業の顕著な発達がみられたことである。後掲表8に示すように、一九一四―一九年の工業の伸びは、工場数・職工数・生産額とも驚くべき高さ（第二次世界大戦前で最高）を示したが、そのなかでもとくに第I部門＝生産手段生産部門の伸びが著しかった。その結果、第I部門の構成比は、確立期の一〇%台から二〇%台に上昇し、日本の産業構成の重化学工業化の起点が画された。しかし、大戦という外在的契機による急激な拡大と重化学工業化は、電力飢饉・鉄鋼不足（そのための製鉄業奨励法の公布、一九一七年）に集中的に表現されているように、生産手段生産の一般的低位性と産業構造の分断性という構造的特質を根本的に解決するものでなく、むしろその限界を露呈したのである。

(2) 財閥コンツェルンの成立

第二に、大戦景気は、あらゆる企業に戦時利潤をもたらしたが、利潤率と資本蓄積において大企業と中小企業の格差を拡大するものであった。そして、とくに戦時高利潤を獲得した財閥は、それを基礎にコンツェルン組織を整備し、また、国内過剰資金を基にした自前の中国への資本輸出（とくに対中国借款）が、国家資本と財閥資本とが結びついたかたちで本格化した（特殊銀行と民間有力銀行による海外投資銀行団の形成）。

(3) 就業人口構成の変化

第三に、鉱工業労働者数が急激に増大し、農村から都市へ大量の人口が流出し、就業人口構成と階級構成に大きな変化が生じた。鉱工業労働者の集積を基礎に、大戦末＝戦後ブーム期より大規模な労働争議が頻発し、それが賃金水準を押し上げて二〇年代の相対的な高賃金水準をもたらすことになった。大戦中の農林水産業就業人口の急減は、二〇〇万人近くにおよび、第二次大戦前・戦時をつうじ最大で、第二次大戦後の高度成長期のそれに匹敵するほどのものであった。しかしなお、農林水産業就業人口は五〇％以上を占め、鉱工業・建設業のそれは二〇％台にとどまり、階級構成における中間層の分厚い存在という基本的特質も根本的には変化しなかった。

(4) 農民の商品生産者化

第四に、農村へ商品＝貨幣経済が深く浸透し、一方で地主層の有価証券投資が進むとともに、他方、自小作層を中心に農民の商品生産者化が進み、それが農民の覚醒をうながして、二〇年恐慌後の小作争議の広範な展開を準備することとなった。

二　対外的膨張と政治大国化

国内経済だけでなく、むしろそれ以上に、対外関係における大戦を契機とする日本帝国の膨張は目ざましく、日本は、軍事的進出、領土・権益の拡充、イギリス・ロシア・フランスおよび中国への巨額の借款供与によって自他ともに許す政治大国に成り上がっただけでなく、大戦景気にわくアジア全域にわたって経済的進出を展開した。日本帝国の膨張は、二〇年恐慌とワシントン体制の成立によっていったん後退を余儀なくされるが、その刻印した足跡は消されることなく、大戦後の対外関係を大きく規定することとなった。

(1)　ドイツ権益の接収と対華二一ヵ条要求

対外膨張を先導したのは、大隈内閣期の軍事的・政治的進出である。大戦が勃発するや日本はいち早くドイツに宣戦し、イギリスの参戦要請の範囲を越えて青島と南洋諸島（赤道以北）を占領し、旧ドイツ権益を接収し軍政を施いた。つづいて、旧ドイツ山東権益の譲渡と満蒙の権益の拡充を主な内容とする五項二一ヵ条の要求を袁世凱大総統につきつけ、その抵抗に遭うや第五項（中国政府への支配、中国本土の新権益の要求）を将来に留保して強引に認めさせた。二一ヵ条要求の押しつけは、五四運動（一九一九年）を画期とする中国の反日民族運動高揚のきっかけとなった。結局、山東権益はワシントン会議期（一九二一―二二年）に還付を余儀なくされるが、満蒙の権益拡充は実現し、青島は中国進出の新しい拠点となり、委任統治となった南洋諸島も、台湾と並んで南方進出の拠点となった。

(2) シベリア出兵

大戦末期の「シベリア出兵」も中国への軍事的・政治的進出の画期としての意義をもっている。一九一八年八月、アメリカの提議を受諾する形で出兵した日本は、アメリカの「限定出兵」要請を越えて大軍を全面出兵させ、借款・武器供与を餌に段祺瑞政権と結んだ日中軍事協定を援用して、シベリアと北満州を占領した。日本軍は、連合国軍が次々と引き揚げた二〇年四月以降も、出兵目的を朝鮮・満州への脅威阻止に変更して駐留を続け（最終撤兵は二二年）、各国からその領土的野心を疑われるにいたる。その間日本軍は、極東ロシアの朝鮮独立運動と満州の中国民族運動を抑圧するとともに、年来の願望であった東支鉄道（のち中東鉄道）南部支線（ハルビン―長春間）の獲得につとめるが実現しなかった（のちの満州事変の伏線）。

(3) 鮮満一体化政策

大隈重信内閣期に軍事力に基づく権益拡張を図った日本は、つづく寺内正毅内閣の下で、その経済面での実質化を追求していった。その第一は、日本帝国の植民地を朝鮮から満州へ拡大しようとする陸軍の大陸政策（北進論）にそって展開された「鮮満一体化」政策である。それは、統治機構の統一化とともに、鉄道と金融の二大基礎部門で推進された。

従来の日本—大連—満鉄（本線）の海上ルートに対して、日本—朝鮮鉄道—満鉄（安奉線）の陸上ルートを強化する「鮮満鉄道一体化」政策は、軍部・朝鮮総督府の意向にそって、朝鮮総督から首相になった寺内によって推進されたが、満鉄・大連商人の強い反対と外交関係への影響を懸念する外務省の反対にあって、実際に実施されたのは、「三線連絡運賃割引制」（ワシントン会議まで）と満鉄の負担で朝鮮鉄道を強化しようとする朝鮮鉄道委託経営（一九一七年七月—二五年三月）だけで、軍部が満鉄の「大連中心主義」を制約しようとした後者も、満鉄に与えた影響は大きくなく、朝鮮鉄道の強化にもそれほど役立たなかった。

横浜正金銀行に代えて朝鮮銀行を満州進出の中軸として植民地金融機構を再編強化しようとする「鮮満金融一体化」政策は、寺内首相・勝田主計蔵相の下で、朝鮮銀行券による満州幣制の金本位制への統一、朝鮮銀行（発券）—正金銀行（為替・貿易金融）—東洋拓殖（不動産担保金融）という特殊金融機関の分業体制として実施に移された。しかしその体系は、正金銀行の銀券発行の継続と大連重要物産取引所の銀建の存続を許した点で、満州全体の幣制・金融統一にはほど遠いものであり、しかも、中国側の通貨金融機構を自らの体系内に包摂していないという限界をもっていた。その中国側の金融機構に切り込むべく駆使されたのが、かの西原借款に代表される借款政策であった。

(4)　西原借款

寺内首相の私設秘書西原亀三の植民地金融再編構想は、「鮮満金融一体化」にとどまらず、中国全域を射程に収めた帝国経済圏の構築を目指したもので、この構想のもとに西原は、中国の中央銀行である交通銀行への借款（興銀・朝銀・台銀による）を通じて中国幣制を金円にリンクした金本位制へ転換させ、金円流通圏を中国圏内へ拡張しようとした。中国幣制の金本位制への転換は、一九一八年八月金券条例の公布によって実現するかにみえたが、時すでに大戦終結が間近となり、日本の借款政策を支えた有利な内外条件が失われつつあり、金券発行の前提である日本からの金準備提供が日本側の内部不統一によって実現せず、西原の構想は挫折に終る。

西原が大戦期に拡張した権益を守るべく、段祺瑞政権に対し実業借款を名目に供与した巨額の政治・軍事借款も、段政権の解体によって反古に帰したことは周知のところである（表7を参照）。

(5) 民間企業・中小商工業者の海外進出

大戦後に足跡を残した対外膨張として注目されるのは、大戦好況期に活発化した民間企業・中小商工業者等の植民地・占領地および東南アジアへの対外経済進出である。

植民地朝鮮・台湾でも大戦好況が起き、植民地開発政策の開始による日本人の企業進出が進んだだけでなく、朝鮮では会社令にもかかわらず現地の朝鮮人による企業設立も行われ、また本国―植民地間の人口移動が活発化した。それを背景として一九一九年朝鮮で「三一運動」が勃発するが、それを契機に日本の植民地政策が転換し、また、「米騒動」対策もあって朝鮮・台湾の食料基地化が進められ、産米増殖計画が展開される。

大戦期に海外在留日本人は急増するが、その中心は中国であり、なかでも満州では関東州（大連）

表7 西原借款

借款名	契約日	金額	債権者	利率	期限	担保	資金の出所
		千円		分			
(1) 兵器代	1917.12.30 18. 7.31	32,082	泰平組合	7.0 (他に手数料1分)	1920. 9.22	無	臨時国庫証券収入金特別会計
(2) 参戦	18. 9.28	20,000	興業，台湾，朝銀3銀行	7.0 (他に手数料1分)	1ヵ年	国庫債券	〃
(3) 第1次交通銀行	17. 1.20	5,000	〃	7.5	3ヵ年	〃 他	興業，台湾，朝鮮3銀行
(4) 第2次 〃	9.28	20,000	〃	7.5	〃	〃	預金部
(5) 有線電信	18. 4.30	20,000	中華滙業銀行経由，興業，台湾，朝鮮3銀行	8.0	5ヵ年	全国有線電信財産及びその収入	政府保証及び預金部引受興業債券
(6) 吉会鉄道前貸	18. 6.18	10,000	興業，台湾，朝鮮3銀行	7.5	6ヵ月毎切替	本鉄道公債募集金中より償還	政府保証興業債券
(7) 満蒙4鉄道前貸	18. 9.28	20,000	〃	8.0	〃	〃	〃
(8) 山東2鉄道前貸	18. 9.28	20,000	〃	8.0	〃	〃	〃
(9) 黒吉林鉱	18. 8. 2	30,000	中華滙業銀行経由3銀行	7.5	10ヵ年	黒竜江，吉林両省の金鉱森林ならびにその収入	〃
合計		177,082					

一般には，(2)～(9) 合計145,000千円を西原借款と呼ぶが，大蔵省理財局「寺内内閣時代成立諸借款（所謂西原借款）関係書類」（鈴木武雄監修『西原借款資料研究』p.270–2）では，全額回収された(3)を除く172,082千円を西原借款と呼んでいる．

以外の満鉄付属地で増加が目立ち、関内では青島が激増して上海を上回った。満州の増加は「鮮満一体化」政策と大戦ブームに呼応したものであり、青島では、軍政下の企業誘致政策に支えられて日本企業の進出ラッシュが現出したためである。こうして形成された大連・青島・上海などの日本人居留民社会は、植民地経済・植民地政策に大きな影響を与えることになる。

日本の南方進出が本格的に開始されるのも大戦期である。占領地南洋諸島には、軍政下に民間企業・農業移民が砂糖業を中心に進出し、戦後の南洋庁による製糖・甘庶栽培を中心とする産業開発政策の起点となった。フィリピン・蘭領インド・海峡植民地等にも、日本企業が初めて本格的な進出を開始し、その金融を支える台湾銀行・横浜正金銀行の営業所の新設が相つぎ、東洋拓殖会社も南進を開始したことが注目される。このため東南アジア在留日本人が倍増したが、なかでもマニラ麻栽培の拡大に伴うフィリピンの増加、マレー半島でのゴム栽培の拡大と南洋鉱業公司による鉄鉱石採掘開始に伴う海峡植民地の増加が目立っている。

第二節　一九二〇年代——「慢性不況」下の経済成長

一　ワシントン体制の成立と「慢性不況」

(1)　ワシントン体制の成立

一九一八年第一次世界大戦は連合国の勝利に終り、翌一九年パリ郊外のヴェルサイユ宮殿で講和会議が開かれた。「国際平和」と「民族自決」が唱えられ、国際連盟の設立が取り決められた。敗戦国ドイツは、講和条約によって、巨額の賠償金を課せられ、植民地を失い――ドイツ支配下の諸民族が相ついで独立し――、東アジアのドイツ権益も放棄させられた。日本は講和条約によって、山東半島の旧ドイツ権益と南洋諸島（赤道以北）を手に入れた。中国から山東権益の返還が強く要求されたが、パリ講和会議中は実現しなかった。

一九二一―二二年、第一次世界大戦後国際政治の主導権を握ったアメリカによって、海軍の軍備縮小と太平洋及び極東問題を審議するためのワシントン会議が招集され、まず、太平洋諸島の平和に関するアメリカ・イギリス・フランス・日本の四ヵ国条約が締結され、これにより日英同盟の廃棄が同意された（一九二一年一二月）。次いで翌一九二二年二月、その四ヵ国にイタリア・中国などの五ヵ国を加えて中国に関する九ヵ国条約が結ばれ、中国の領土保全・主権尊重と門戸開放、各国の機会均等などが約束された。この会議の場で日本は、山東半島の旧ドイツ権益の返還を余儀なくされた。さらに、アメリカ・イギリス・フランス・イタリア・日本の五大国の間で、主力艦の保有量を制限する海軍軍縮条約が結ばれ、日本は主力艦保有量をアメリカ・イギリスの六割に制限することをのまざるをえなかった（いわゆる八・八艦隊建設計画の挫折）。

このような一連の協定によって成立したアジア・太平洋地域での列強間の協調体制はワシントン体制と呼ばれたが、ワシントン体制は、朝鮮・中国の民族独立運動の新たな展開と並んで、一九二〇年代の日本の政治と経済を大きく制約することとなった。

(2) 一九二〇年恐慌とその後の「慢性不況」

大戦景気および戦後ブームで他律的に急膨張をとげた日本経済は、一九二〇年三月激しい反動恐慌に見舞われた。一九二〇年恐慌は、日本が世界に先駆けて恐慌状態に突入したという意味で、大戦前には見られなかった特徴をもち、それまでにない大幅な価格の下落、企業の倒産を引き起こした。

これに対し政府は、日本銀行を頂点とする政府金融機関を総動員して救済融資にあたった。そのため徹底した過剰資本の整理が回避され、不良債権が温存されて、その後日本経済は、二三年震災恐慌、二七年金融恐慌と、恐慌から恐慌へとよろめくこととなった。

例えば、代表的な蚕糸業地帯であった福島県信達地方についてみると、一九二〇年半ば生糸についで米・繭が暴落し、蚕糸業者や農民が窮迫し、銀行の取付け・倒産騒ぎが起きた。東京に貯蓄銀行支店をもっていた伊達郡保原町の太宰銀行は、この恐慌によって倒産した。県議会は、その窮状を打開するため、米価調節・養蚕業者救済・低利資金融資などに関する建議を行い、政府の救済融資を引き出した。

一九二七年の金融恐慌は、同年六月の、県内で第百七銀行に次ぐ有力銀行であった福島商業銀行の休業から始まった。同行は福島市の有力生糸商人によって設立され、蚕糸業者の機関銀行として発展してきた銀行であるが、第一次大戦中の好景気に際しての放漫な貸付が戦後の不況期に固定化し、オーバー・ローン状態におちいっていた。一九二〇年の反動恐慌では倒産をまぬがれたが、この恐慌以来の蚕糸金融の不振のいわば総決算として福島商業銀行の休業という事態が起きたのである。その休業が県金融界に及ぼした影響は大きく、それを契機に地元銀行に対する預金者の不安は急速に高まり、各銀行とも激しい預金引出しに遭遇した。こうして福島商業銀行と同じ状態にあった福島銀行が破綻し、そして、ついに県内銀行の親銀行ともいうべき福島市の第百七銀行の休業にいたるのである。

さて日本は、あいつぐ恐慌のために日銀の救済融資が行われ、国際金本位制が再建される中でなかなか金本位制へ復帰しえなかった。そのために対外的な物価高が続き、それが国際環境の変化（欧米資本のアジア市場への復帰や中国銀相場の変動など）やワシントン軍縮とあいまって輸出不振・輸入増加をまねいた。こうして貿易収支が入超を続け、大戦中にためこんだ正貨をたちまちにして消失してしまったのである。

実際には、次にみるように、二〇年代後半には工業生産が拡大し、貿易収支も入超が減少してくるのであるが、二〇年代は、高金利と賃金の下方硬直性のために企業収益の悪化が続いたため、「慢性不況」と呼ばれるようになった。

二　重化学工業化の進展

(1)　不況と回復

大戦中に外在的要因または温室的条件のもとで拡大した工業生産、とくに重化学工業は、大戦後も急成長をとげる電力・ガス等の例外を除き、終戦に伴う輸出および内需の激減、欧米資本のアジア市場への復帰――とくに大戦で拡大した安価なインド銑鉄やアメリカ銅の流入――、世界的な軍縮のなかでの軍需の停滞によって、生産の縮小を余儀なくされ、または深刻な不況におちいった。

表8にみるように、民間工場の生産額は一九一九年から二四年にかけて急減するが、消費資料生産部門よりも生産手段生産部門の方が落ち込みが激しい。

アメリカについで大戦の利得をえた日本では、もともと大戦期の生産拡大がおもに外延的拡大で、アメリカのように生産力的発展を伴わなかったし、また、拡大した重工業を、アメリカのように国内的な産業連関のなかに定着させるか、あるいは輸出産業として発展させるような基礎が成立していなかったのである。

しかし、二〇年代後半になると、工業生産とくに重化学工業生産は明らかに回復してくる。表8のように、一九二四年から二九年にかけて工業生産は急増しているが、とくに生産手段生産部門の増加が著しく、倍増している。ただし、生産手段生産部門の構成比は、なお生産額で二六・八%、職工数で一九・五%にとどまったことも忘れてはならない。

(2)　生産拡大の要因

アメリカのような生産力的基礎をもたなかった多くの重化学工業部門では、政府の保護政策に依存しつつ、カルテルを結成して外国商品に対抗し、そのなかで漸次的に「合理化」を進め、生産力基盤を強化して国内市場を確保することに努めた。すでに技術的には国際水準に達し国内市場を確保していながら国際的船腹過剰のなかで長く不況にあえいだ造船業を除いて、多くの重化学工業は、二〇年

表8　民間工場の部門別職工数・生産額の推移（1909-34年）

事項		部門	1909	1914	1919	1924	1929	1934
実数	工場数（千）	I	3.5	4.2	7.7	8.8	11.7	18.3
		II	28.7	27.5	36.2	39.3	48.2	62.0
		計	32.2	31.7	43.9	48.0	59.9	80.3
	職工数（千人）	I	87	133	324	301	356	591
		II	714	816	1,196	1,341	1,469	1,573
		計	801	948	1,520	1,642	1,825	2,163
	生産額（百万円）	I	118	285	1,690	1,282	1,990	3,440
		II	676	1,086	5,147	5,105	5,425	5,603
		計	794	1,371	6,837	6,387	7,415	9,043
指数	工場数	I	100	119	219	249	332	519
		II	100	96	126	137	168	216
		計	100	98	136	149	186	249
	職工数	I	100	153	374	348	411	682
		II	100	114	168	188	206	220
		計	100	118	190	205	228	270
	生産額（実質価格）	I	100	236	575	522	1,053	2,176
		II	100	157	306	363	501	619
		計	100	169	346	387	583	850
構成比（%）	工場数	I	11.0	13.2	17.6	18.3	19.6	22.8
		II	89.0	86.8	82.4	81.7	80.4	77.2
	職工数	I	10.8	14.0	21.3	18.3	19.5	27.3
		II	89.2	86.0	78.7	81.7	80.5	72.7
	生産額	I	14.9	20.8	24.7	20.1	26.8	38.0
		II	85.1	79.2	75.3	79.9	73.2	62.0

塩沢君夫ほか「戦前日本資本主義における工業構成」（高橋幸八郎編『日本近代化の研究』下，東京大学出版会，1972年）第4・5・7表より作成．

部門I，IIは，それぞれ生産手段生産部門・消費資料生産部門を表わす．この分類基準については，同上論文を参照．

代なかばまでに規制力をもつカルテル組織を確立し、政府の保護関税政策――とくに一九二六年の関税引上げ――に支えられて、二〇年代後半には生産が上昇してくる。そして、鉄鋼・工作機械・鉱物油・人造肥料など、国内自給率が二〇年代末で五〇―六〇％にとどまった分野を除き、金属・機械・化学の多くの分野で、二〇年代末には国内市場をほぼ確保してくる。表8にみられる二〇年代後半の重化学工業生産の拡大の一面は、このような不況のなかでの自給率拡大努力の反映であった。

二〇年代後半の重化学工業生産の拡大を支えた条件には、もう一つの側面、すなわち大戦後一段と進む都市化による需要の拡大、または電力化に支えられた拡大があった。この側面での量的拡大の方が前者よりも顕著で、しばしば「電力主導型」の発展と呼ばれ、電力をはじめ車輛・電機・鋼・合成化学等が相互関連的に発展したとされるが、電力以外は前者の側面をも有していた。とくに製鋼業は、製鉄業の停滞のなかで、安価なインド銑鉄を利用して国内自給率を高めたもので、「銑鋼アンバランス」を発生させた。

電力化と関連して注目すべきは、綿織物業の発展である。織物生産の全体の伸びはそれほどでないが、綿織物業では、二〇年代の電動化が進むなかで、産地綿織物業の産地間競争による淘汰のなかから、泉南・知多などの先進地に大規模工場が成立し、それが紡績資本による兼営織布に代って輸出を拡大していった。

三　貿易構造の変化

(1)　入超の持続と入超要因の変化

一九二〇年代にも第一次世界大戦前と同じく入超が続いたが、入超要因は大戦前と比して大きく変化した。商品群別に一九〇〇年代（資本主義確立期）と一九二〇年代とを対比すると、両時代とも絹（生糸・絹織物等）および石炭を除くほとんどの商品群で入超となっているが、入超額が大きい主要な商品群は、一九〇〇年代が①綿（綿花・綿糸・綿織物等）、②食料（米穀・小麦・砂糖の計）、③鉄鋼（鉄鉱石・銑鉄・鋼材等）、④機械（武器を除く機械類）、⑤毛（羊毛・毛織物等）、⑥肥料の順であるのに対して、一九二〇年代には、①鉄鋼、②毛、③肥料、④綿、⑤食料、⑥機械の順となっている。入超額が大きい主要な商品群は、一九〇〇年代と一九二〇年代とでは大きな変化がなく、その限りで資本主義確立期の入超構造が一九二〇年代にも基本的に維持されているが、その順位は大きく変化し、各商品群の入超総額にしめる比重も大きく変化している。

一九〇〇年代に断然トップであった綿の順位が大きく下がり、機械の地位も低下している。それは、綿の輸出比率と加工度が上昇し、機械の国産化が進んだためであり、この傾向は二〇年代後半に明確になっていく。それと対照的に毛と肥料の地位が上昇しているが、それは、毛織物の需要が拡大しながらまだ毛織物工業がこれに対応していないこと、商業的農業用の人造肥料の輸入が増大したことによる。鉄鋼の地位の上昇は、鉄鋼自給率の上昇が銑鉄輸入を拡大していることを反映している。食料の順位が低下しているが、これは一九〇〇年代が朝鮮からの米穀輸入をふくんでいるためであり、小麦・砂糖は一九二〇年代に急速に輸入を増大しており、それに満州からの大豆輸入と植民地米の移入を加えれば第一位におどり出る。食料の輸移入の急増は、都市化による需要増大に国内生産が追いつかないことによるものである。そのほか、銅・木材の出超から入超への転化、石炭の出超額の縮小も注目されるが、それぞれ国際競争の激化と国内需要の増大によるものである。

総じていえば、一九〇〇年代の入超は産業構造の分断性・低位性によるものであったのに対し、一九二〇年代の入超は、産業構造の高度化の過渡的性格（高度化が進みつつあるが未だ輸入代替化・輸出産業化にいたらない）と、都市化に伴う需要増大を反映するものであった。

(2) 二〇年代後半の入超の縮小

工業生産の二〇年代前半の後退と後半の拡大に対応して、貿易収支においても、表9にみられるように、前半の大幅な入超と後半の入超の縮小がみられた。これを相手地域別にみれば、前半の大幅な入超は、主として、イギリス・ドイツ・アメリカからの金属・機械・化学等の重化学工業製品の輸入と、インド・アメリカ・中国からの綿花の輸入および中国・関東州（満州）からの食料の輸入が、生糸・織物を中心とする輸出を大幅に上回ったことによる。これに対し後半の入超の縮小は、主として欧米からの重化学工業製品の輸入が減少し、他方、アメリカへの生糸輸出とアジア・アフリカへの綿布輸出が増大し、関東州（満州）・中国への機械器具輸出が微増したことによるものである。

ここではなお、資本主義確立期の貿易構造が維持されているが、そのなかから、三〇年代に明確になるイギリスからの生産手段輸入の減少、アジア・アフリカへの綿布輸出の拡大、満州への機械器具輸出などの新しい傾向が出てきたことが注目される。対米生糸輸出の増大は、交易条件は悪化しつつ

表9　相手地域別輸移出入の推移（1909-34年）

（百万円）

相手地＼年次		1909		1914		1919		1924		1929		1934	
アジア州	出 入	139 (32) 162 (38)	△23	270 (41) 303 (46)	△33	916 (40) 1,059 (43)	△143	706 (35) 994 (34)	△288	858 (34) 854 (32)	4	1,095 (41) 806 (28)	289
うち 中国	出 入	72 (17) 46 (11)	25	158 (24) 57 (9)	101	422 (18) 316 (13)	106	306 (15) 235 (8)	71	310 (12) 208 (8)	102	202 (8) 282 (10)	△80
うち 関東州	出 入	15 (4) 18 (4)	△3	20 (3) 31 (5)	△10	142 (6) 161 (7)	△19	67 (3) 175 (6)	△107	109 (4) 165 (6)	△55	268 (10) 25 (1)	244
うち インド	出 入	14 (3) 65 (15)	△51	26 (4) 160 (24)	△134	116 (5) 314 (13)	△199	135 (7) 388 (13)	△253	197 (8) 288 (11)	△91	259 (10) 292 (10)	△33
欧州	出 入	95 (22) 148 (35)	△52	89 (14) 157 (24)	△68	189 (8) 159 (7)	30	172 (9) 575 (20)	△403	142 (6) 413 (15)	△271	223 (8) 291 (10)	△68
うち イギリス	出 入	26 (6) 86 (20)	△60	32 (5) 92 (14)	△60	109 (5) 126 (5)	△17	60 (3) 311 (11)	△252	61 (3) 151 (6)	△89	107 (4) 69 (2)	39
うち フランス	出 入	41 (10) 5 (1)	36	31 (5) 4 (1)	27	66 (3) 8 (0)	58	85 (4) 32 (1)	53	43 (2) 26 (1)	18	38 (1) 18 (1)	20
うち ドイツ	出 入	8 (2) 40 (9)	△32	9 (1) 44 (7)	△34	0 (0) 0 (0)	0	8 (0) 143 (5)	△135	13 (1) 156 (6)	△143	19 (1) 108 (4)	△89
北米州	出 入	139 (32) 55 (13)	84	206 (31) 97 (15)	109	850 (37) 767 (31)	83	760 (37) 706 (24)	54	936 (37) 717 (27)	218	404 (15) 819 (28)	△415
中南米州	出 入	0 (0) 2 (0)	△1	1 (0) 3 (0)	△2	24 (1) 19 (1)	5	22 (1) 10 (0)	11	28 (1) 16 (1)	12	104 (4) 25 (1)	79
アフリカ州	出 入	1 (0) 5 (1)	△5	2 (0) 7 (1)	△5	24 (1) 54 (2)	△31	41 (2) 22 (1)	19	59 (2) 42 (2)	17	182 (7) 79 (3)	102
計（その他州共）	出 入	382 (89) 378 (88)	4	581 (88) 588 (89)	△7	2,039 (88) 2,123 (87)	△84	1,745 (86) 2,435 (83)	△690	2,070 (83) 2,175 (80)	△106	2,082 (78) 2,235 (77)	△152
朝鮮・台湾	出 入	50 (12) 50 (12)	0	77 (12) 73 (11)	4	270 (12) 321 (13)	△51	287 (14) 510 (17)	△223	437 (17) 531 (20)	△94	592 (22) 669 (23)	△77
合計	出 入	431 (100) 428 (100)	3	658 (100) 661 (100)	△3	2,309 (100) 2,444 (100)	△135	2,032 (100) 2,945 (100)	△913	2,506 (100) 2,706 (100)	△200	2,674 (100) 2,904 (100)	△230

塩沢君夫ほか編『日本資本主義再生産構造統計』p.306-17より作成.
上段は輸出，下段は輸入，（　）内は%，右側は貿易収支（△は赤字）を示す．百万円未満は四捨五入．「満州」は「関東州」にふくまれる．

も、「永遠の繁栄」を誇ったアメリカで、絹織物の大衆商品化によって生糸需要が拡大したことによるが、それは同時に生糸の高格糸化を要請し、生糸が人絹糸にとって代られる段階に達しつつあったことの表現でもあった。大恐慌がそれを現実化することになる。

(3) アジア市場での日米対立の発生

第一次大戦後再現した世界貿易体系は、大戦前の基本的枠組み、すなわちイギリスを中心とする帝国主義的世界体制＝多角的貿易・決済システムという形態を維持したが、その内実は大戦前から大きく変化した。

第一に、アメリカの地位が上昇し、イギリスの地位が低下したことである。国際金本位制は再建されたが、「ドルに支えられたポンド体制」としてであったし、イギリスの戦後復興はアメリカの対欧投資を基礎にしたドイツの賠償金に支えられたものであった。アメリカは大戦から最大の利得を獲得し、ヴェルサイユ・ワシントン体制の成立を主導して、イギリスに代って資本主義世界のチャンピオンとなった。

第二に、アジアの重要性が増大するなかで、アメリカが積極的にアジアに進出し、イギリスもアジア植民地に依存する度合いを強めたことである。大戦後アメリカは対アジア貿易を増大させ、またワシントン条約で、「門戸開放・機会均等」を強いた中国に対し積極的に投資を行うようになった。イギリスは低下する地位を保持するために、自らの植民地圏（大英帝国圏）への依存を強化したが、その中心がアジアであった。

第三に、日本は対アジア貿易を増大させ、その貿易収支を黒字化したことである。日本は対中国貿易において、在華紡の展開と満鉄への投資を行いながら黒字を維持しつつ、対インド貿易において綿製品輸出を増大させてその赤字を減少させ、全体としての対アジア貿易の収支を黒字基調としたのである。この対印綿糸布輸出の増大は、やがて日英・日印の対立をもたらしていく。

第四に、日本が一方で貿易において対米依存を増大させながら、中国市場においてアメリカとの対立を引き起こしたことである。

第三節　日本資本主義の段階的変容

第一次大戦後、とくに一九二〇年代後半の重化学工業化の進展と絹綿二部門の一層の発展にともなって、日本資本主義は、新しい段階を画する変容をとげた。ここではそれを、資本、賃労働、地主制、労働・農民運動の四点にわたって明らかにし、その上で、大正デモクラシー運動を基礎に成立した政党内閣制と普通選挙＝治安維持法体制について展開する。

一　独占＝金融資本の成立と資本輸出

一九二〇年代は資本の集積・集中が進展するとともに、大資本を中心とするカルテル活動が活発化した。

独占組織がもっとも進んだのは、財閥と綿紡績独占体であった（高村直助は、さらに電力業を入れて「三独占体」としている）。

(1) 資本集中とカルテル活動の進展

一九二〇年代の重化学工業化の進展と綿紡績業・製糸業の発展は、資本の集積・集中をおしすすめるとともに、大資本を中心とするカルテル活動を活発化させた。第一次大戦前に七であったカルテルは、大戦後に急増して一九三〇年に四八となり、世界恐慌期の一九三二年には八三を数えるにいたっている。

カルテルの主要なものは、財閥傘下企業を中核とした（重化学工業の）カルテルと、綿紡績業の大日本紡績連合会であった。

前者の代表的なものは石炭鉱業連合会であるが、それは、石炭鉱業が財閥資本の主要な生産部門であったため、複数の財閥コンツェルンによる市場の共同支配組織として機能する特徴をもっていた。理事七社が三井鉱山・三菱鉱業・住友炭礦・古河鉱業・磐城炭礦（浅野）・大倉鉱業・貝島炭礦によって占められていたことに、その点があらわれている。このような財閥傘下企業を中核としたカルテルには、そのほかに、銑鉄共同組合（一九二六年成立）、産銅業の水曜会（一九二一年成立）、セメント連合会（一九二四年成立）などがあった。

横断的な市場独占組織としてのカルテルが、縦断的な資本独占組織としての財閥コンツェルン傘下の企業によって構成されていたことは、コンツェルン間の利害が一致している場合にはカルテルも有効に機能したが、コンツェルン間の利害が対立した場合、カルテルは容易に崩壊するという事態をもたらした。産銅カルテルやセメントカルテルは、この後者の事例である。さらに、この時期の重化学工業のカルテルは、独占価格の設定によって独占利潤を創出するというカルテル本来の機能に欠けていた。それは、日本の重化学工業が国際競争力に欠けていて、輸入外国製品に対抗できなかったためである。鉄鋼カルテルの徹底した輸入価格追随政策に典型的にみられるように、カルテルは価格政策で輸入品に追随しながら国内市場を維持し、その下で傘下企業が合理化をすすめることに重点がおかれた。このような日本のカルテルの脆弱性を打開する契機となったのが、一九三一年に制定された重要産業統制法であった。

(2)　財閥コンツェルンの確立

三井・三菱・住友などの財閥資本は、日露戦後から第一次大戦期にかけて、事業と銀行の拡大を背景に、いずれも同族会から独立した持株会社（本社）を設立し、それに対応して傘下事業・銀行を株式会社とするにいたった。

まず三井は、一九〇九（明治四二）年に三井合名会社を設立し、同時に三井銀行と三井物産を株式会社とし、一九一一年には鉱山部を分離・独立させて株式会社三井鉱山とした。その後、大正海上火災保険（一九一八年）、東洋棉花（一九二〇年）、三井信託（一九二四年）、東洋レーヨン（一九二六年）等を三井物産から分離・独立させ、または新たに設立し、直系会社または直系子会社とした。これに傍系会社・傍系子会社を加え、三井は日本で最大の総合的財閥コンツェルンとなった。

いま、一九二八年頃の三井財閥を図示すると、図3のようである（直系孫会社は省略）。

また三菱は、一八九三（明治二六）年に三菱合資会社を設立したが、一九〇八年以降、合資会社内部の銀行・鉱業・造船・営業などを次々と事業部とし、独立採算制をとった。一九一七―一九（大正六―八）年にいたって、三菱造船・三菱商事・三菱鉱業・三菱銀行を株式会社として分離・独立させ、合資会社は持株会社となった。その後三菱造船から分離した三菱内燃機製造・三菱電機を加え、一九二〇年代半ばまでに、三菱合資会社を持株会社とするコンツェルン形態が整った。

住友も、一九〇九（明治四二）年、住友本店を会社組織の住友総本店と改称し、一九二一（大正一〇）年にはそれを住友合資会社に改組した。同時に、傘下の直営部門を逐次分離・独立させ、すでに株式会社となっていた住友銀行（一九一一年）、住友鋳鋼所（一九一五年）、住友電線製造所（一九二〇年）に加えて、一九二七年頃までに住友肥料製造所（一九二五年）、住友別子鉱山（一九二七年）などを分社化して、コンツェルン形態を整えた。

三井・三菱・住友の持株会社設立に続いて、やがてこの三大総合財閥に次ぐ金融財閥となる安田も、一九一二（大正元）年、財産保善のための保善社を合名会社保善社に改組して、持株会社の機能をもたせ、銀行・保険・信託など金融分野に特化した財閥を築いた。しかし安田商事は事業経営には成功せず、総合商社になりえなかった。全国的な銀行網を形成した安田銀行が、財閥内で圧倒的な比重を有していた。しかしその後、次にみる二流財閥の浅野財閥と深いつながりをもち、両者が一体となって、総合財閥的機能を果たすにいたる。

図3 三井系諸会社系統図（1928年頃）

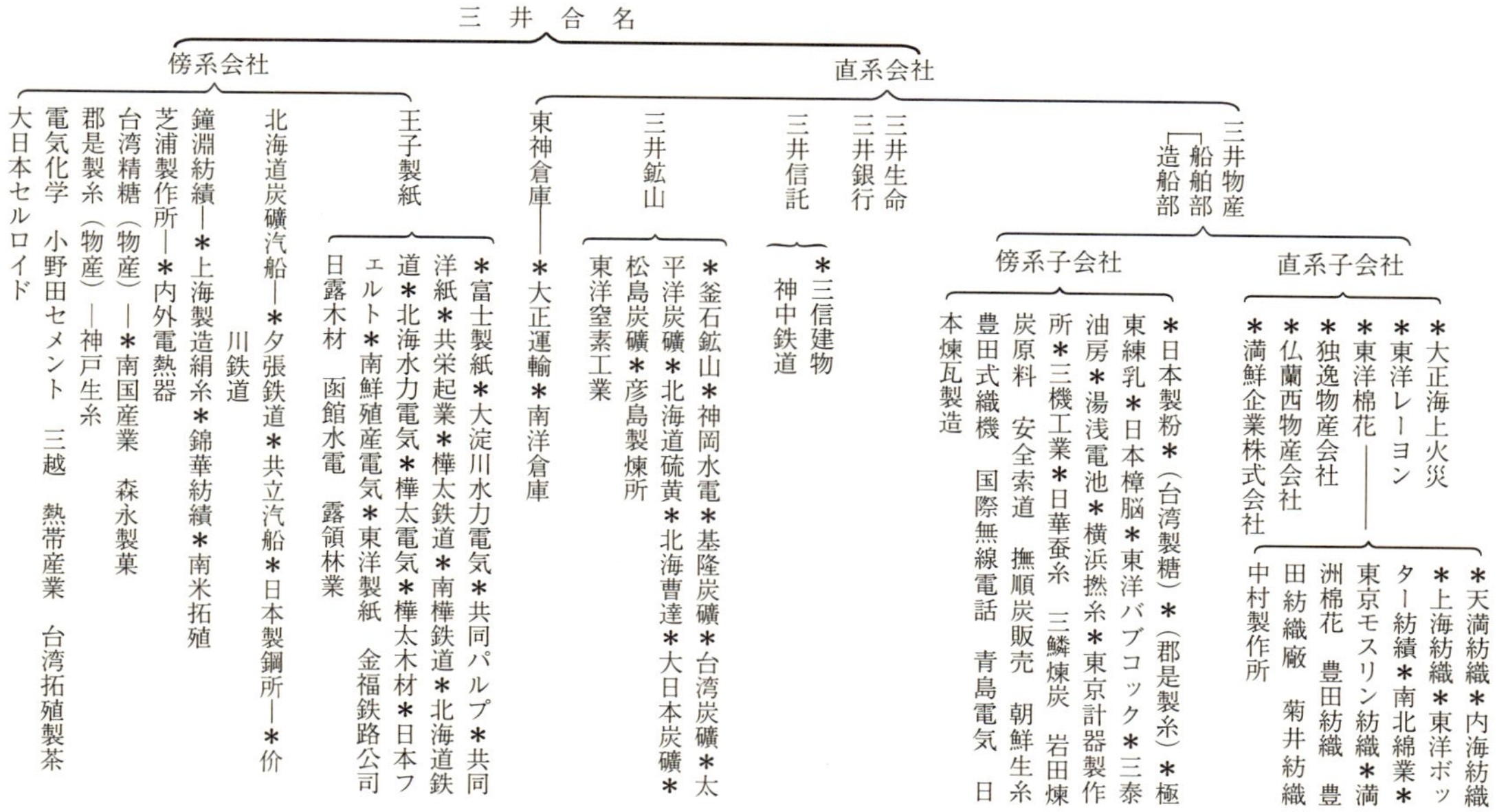

直系・傍系の子会社のうち，*印は支配力が大体決定的なもの．無印は同じく準支配的なもの．
高橋亀吉『日本財閥の解剖』p.50より作成．

四大財閥のほかに、それぞれの分野に特化したいわゆる二流財閥も、第一次大戦期の経営拡大を基礎に、次々と持株会社を設立していった。すなわち、一九一五年渋沢同族、一九一七年古河合名・(名)大倉組・(名)藤田組・森村同族、一九一八年浅野同族、一九二〇年山口合資・(資)川崎総本店・大川合名・(名)久原本店、一九二一年鴻池合名、一九二二年野村合名などの設立がこれである。

(3) 綿紡績独占体の形成と在華紡

綿紡績業においては、すでに日露戦後に大紡績が形成されたが、さらに第一次大戦期の一九一四年に三重紡績と大阪紡績が合併して東洋紡績に、一九一八年には尼崎紡績と摂津紡績が合併して大日本紡績となり、鐘淵紡績・東洋紡績・大日本紡績・富士瓦斯紡績・大阪合同紡績の五大紡、あるいはこれに日清紡績を加えた六大紡が成立した。

第一次大戦と戦後好況は、紡績資本に巨額の利潤をもたらしたが、とくにすでに独占体を形成していた大紡績は、戦争による紡績機械輸入の困難という条件を利用しつつ供給を調節し、綿糸価格を吊り上げて高利潤をあげ、高配当を行いつつ巨額の内部留保を蓄積した。一九二〇年恐慌は紡績資本に大きな打撃を与えたが、大紡績はこれを機に綿花・綿糸の流通過程に対する支配的地位を確立するとともに、以後の不況期にも資金構成の優位を支えとして高配当を行った。しかし、労賃水準が戦前よりも一段高まった条件の下では、新規の紡績投資は高利潤率を約束するものではなく、内部資金の充実は、資本過剰の表現でもあった。大紡績は、過剰資本のはけ口を求めて綿布加工業や化繊工業など経営の多角化を進めたが、在華紡の建設(中国進出)もその一環をなすものであった。

日本資本による中国での紡績業経営は日露戦前に始まり、一九一九年には錘数でイギリス資本を上回ったが、本格化するのは一九二〇年以後である。一九一九年に中国の綿糸布輸入関税の実質五％への引上げが実現し、また工場法改正による深夜業廃止が予定されるや、大紡績は、関税障壁を越え、低賃金を求めていっせいに中国に進出したのである。こうして早くも在華紡は、一九二五年に一〇〇万錘を突破し（日本国内錘数の約四分の一）、中国の全錘数の三八％を占めるにいたった。在華紡の工場は、日本軍の援護を得られる上海・青島に集中していた。

一方、第一次大戦は中国にも紡績業の好況をもたらし、民族資本による紡績業が急速に発達した。とくに一九二〇―二二年には、三九もの民族資本工場が誕生した。しかし、技術・管理面や資金・流通面で優位に立つ在華紡に対抗しえず、民族資本工場は一九二二年末頃から相次いで経営不振におちいり、在華紡に買収されたり、日本資本に金融的に従属させられたりするものが増えていった。このような日本資本による圧迫は、中国産業資本を代表する紡績民族資本を抗日へ向かわせるテコとなり、折からの在華紡工場での民族運動と結びついた労働運動の高揚とあいまって、在華紡は排日・抗日運動の集中的な舞台となった。

在華紡投資は、「満州」における満鉄投資のように国家資本や外資導入に依存するものではなく、紡績業自体の過剰資本の輸出である点において、本来的な帝国主義的進出を裏づけるものであった。しかし、在華紡への抗日運動を日本は軍事力の威嚇と発動でもって抑えようとし、その対立が日中全面戦争の背景ともなっていった。

(4) 日本帝国主義と資本輸出

日本の独占=金融資本の成立・確立を明らかにするためには、以上のような民間における資本の集積・集中、カルテルの結成、財閥コンツェルンと綿業独占体の成立に加えて、国家と国家資本の果たした役割をみなければならない。なぜなら、日本の独占=金融資本の成立・確立の過程は、天皇制国家の主導下に早熟的に形成された日本帝国主義の経済的内実を、国家資本と私的独占資本とが結び合いつつ固めていく過程であったからである。

それを具体的にみれば、まず、日本の独占=金融資本成立の端緒である国債引受銀行シンジケートの成立（一九一〇年）は、国家財政・国家資本と財閥系銀行を中心とする大銀行との結びつきを示すものであったし、また、日露戦後の海軍工廠と三菱・川崎両造船所との連繫による軍艦製造の開始は、軍器生産における国家資本と財閥資本との連繫の開始を示すものであった。

第一次大戦期には、戦時高利潤を獲得した財閥が、それを基礎にコンツェルン組織を確立して活動分野を広げ、財閥系銀行が海外投資銀行団を形成し、国家資本（特殊銀行および大蔵省預金部）と結びついて中国への資本輸出を本格化した。その代表的事例が西原借款であるが、一億四五〇〇万円の原資は、日本興業銀行・台湾銀行・朝鮮銀行の自己資金五〇〇〇万円、預金部資金四〇〇〇万円以外の一億円が、政府元利保証の興業債券を東西有力一八行からなる海外投資銀行団の引受の形で調達された（表7参照）。

そして、大戦後には、慢性不況の過程で外国商品に対抗しつつ資本の集中とカルテル活動が進むなかで、たとえば官営八幡製鉄所と財閥商社とが主導する鉄鋼カルテルの活動にみられるように、国家資本と財閥資本との新たな結合関係が展開した。また、対中国借款が破綻するなかで、対植民地（台湾・朝鮮・満州）投資が国家と民間大資本との結合の下に進展した。すなわち、台湾では、製糖業が直接事業投資の中心であったが、糖業資本は、総督府の糖業保護政策に支えられつつ、欧米資本の駆逐と土着資本の従属化を進め、一九一〇年から一六年にかけて第一次合同運動を展開した。そして五大糖業資本（台湾・明治・塩水港・東洋・大日本）が一九一五年には払込資本金・生産高でそれぞれ全体の四分の三を制するにいたり、ここに独占的支配体制を確立した。そして第一次大戦期の世界的な糖価高騰によって糖業資本は軒並一〇割配当を実現する「黄金時代」を満喫するが、その要因の一つとして台湾鉄道（砂糖輸送）・台湾銀行（糖業金融）等の国家資本の役割もあった。大戦以後の砂糖の対日移出の増大は、財閥系を中心とする糖業資本と国家資本との連繫の所産であったのである。

朝鮮では、台湾の製糖業に匹敵する民間資本の投資部門を欠いており、朝鮮銀行・東洋拓殖・朝鮮殖産銀行等の国家資本を擁する銀行・金融業が中心的投資部門であった。各種金融機関は、第一次大戦期にはいずれも好況による企業設立ブームを反映して貸出を伸ばしているが、大戦後になると、朝鮮銀行・普通銀行等の商業金融系統の不振と朝鮮殖産銀行・金融組合・東洋拓殖等の農業金融系統の伸長というコントラストが生じてくる。とくに一九一八年設立の朝鮮殖産銀行は、産米増殖計画の展開と土地調査事業後に発展をみた地主制との結合を二要因として、一九二〇年代にも長期貸付を順調に増大させ、しかも安定した収益をあげていった。農業金融系統の所要資金は、殖産債券・東拓社債等の内地引受によって国内金融市場から調達され、これら特殊金融機関を介した資本輸出を通じて朝鮮は農業植民地として定置され、朝鮮米の対日移出増大が可能となったのである。

満州への直接事業投資は、巨大国家資本である満鉄（南満州鉄道株式会社）に代表される。会社出資額でみると、満鉄一社で満州全体の過半を制し、朝鮮全体を凌駕して台湾全体に匹敵している。第一次大戦期に満鉄は、投資規模を増大させるとともに事業部門を鉄道部門から鉱山部門・製鉄所部門へと多角化していったが、収益基盤は依然として鉄道部門であった。こうした大戦期における満鉄の発展の資金源泉は、大戦前の外債から内債および民間払込株金に一変し、国内金融市場への依存を深めることとなった。そして、このような資本輸出の結果、満州は大豆・豆粕に加えて石炭・銑鉄の対日供給基地として位置づけられていったのである。

二 賃労働の変容と「日本的労使関係」の成立

(1) 労働運動の高揚と大日本労働総同盟友愛会の成立

日露戦後に続発した大鉱山・軍工廠・造船所などの大争議が、企業内福利施設の拡充と経営家族主義に立つ労務政策によって沈静し、さらに大逆事件（一九一〇年）を機に社会主義運動が沈黙を余儀なくされて、いわゆる「冬の時代」を迎えるが、この「冬の時代」に新たな運動の芽ばえがあった。鈴木文治による友愛会の創立がこれである。それは、元号が明治から大正に変ったばかりの一九一二年八月のことである。

労働者の親睦・修養団体として、わずか一五人の会員で出発した友愛会は、五年後の一九一六年一〇月には二万二千人の会員を擁する労働組合へと成長・脱出し、さらに第一次大戦後の一九一九年には、その名を大日本労働総同盟友愛会と改め、名実ともに日本の労働組合運動の全国組織となった。その背景には、第一次大戦を画期とする重化学工業化の進展とそれに伴う労働者階級の量的・質的な成長があった。重工業労働者の数は、一九年には三九万二千人に達し、労働者の質的成長は、平沢計七・松岡駒吉ら労働者出身の活動家が友愛会の中心メンバーとして登場したことに示されていた。

友愛会の運動に支えられて労働運動も高揚し、第一次大戦期には労働争議が新たな展開をみせる。争議の件数と参加人員は、一九一六年の一〇八件、八四一三人から一九一七年の三九八件、五万七三〇九人へと激増し、以後この高揚は一九二〇年四月まで続く。一九一七年に争議が急増した原因の一つは、明らかに賃金の上昇を上回る物価の急騰にあった。しかしそれだけでなく、争議急増の基盤には、大戦景気に伴う労働市場の大幅な拡大と重工業での急激な労働者の集積があった。労働力需要が急増し、労働市場は売手市場であったため、争議も攻撃的性格をもった。そしてこの争議のなかで労働組合とその地域連合体がつくられていった。

ところが、一九二〇年三月戦後反動恐慌が勃発し、労働運動の環境は一気に悪化する。解雇があいつぎ、労働市場は売手市場から買手市場へと変った。とくに、それまで労働運動の主な舞台となってきた造船業・金属鉱業での打撃は大きく、一九二三年には労働者数がピーク時に比べて造船業で五分の二に、金属鉱業で四分の一に激減した。こうした状況を反映して、一九二〇年五月以降攻撃的争議は急減し、賃下げ反対、解雇手当増額などの防衛的要求が主となった。しかし、大戦前と異なるのは、こうした不利な状況にもかかわらず組合組織が維持され、労働者が団体交渉権の確認などを求めて積極的に反撃に転じたことである。

大阪電燈争議、藤永田造船所争議、住友三社争議などの団体交渉権要求争議を通して、友愛会大阪連合会は急速に組織を拡大した。そして、ピークをなしたのが、一九二一年の三菱・川崎両造船所の大争議であった。この争議は、規模においても内容においても日本の労働運動が新しい段階に達したことを示していた。争議が個別経営の枠を越え、労資の階級的抗争として意識的にたたかわれたこと、団体交渉権という権利の確認を中心要求に掲げながら、同時に労働者による工場管理が企てられたことは、これまでの争議にはみられない重要な特徴であった。しかし、この争議も、資本家側の非妥協的態度と官憲による弾圧、争議長期化に伴う労働者側の結束の乱れなどにより敗北してしまう。そして敗北後は、友愛会員は追放され、自主的労働組合も締め出され、それと引替えに労使の意思疎通機関として工場委員会が設置されていった。

(2)　「日本的労使関係」の成立

第一次大戦以後の労働運動の高揚に対して、政府さらに経営者のなかにも、従来の「主従の情誼」に立脚した労務政策によっては、もはや労資関係の安定を確保することは困難であるという認識が広がり始めた。米騒動の後をうけて成立した原敬内閣は、一九一九年、政界・財界・学界の有志を糾合して労資協調の促進を目的とする協調会を設立するとともに、労資の意思疎通を図るために各経営に経営代表と従業員代表からなる工場委員会を設立することを勧奨しはじめた。この構想はまず、一九一九年から翌二〇年にかけて、軍工廠・国鉄・八幡製鉄所などの国営企業における工場委員会の設置、鉱山における共済組合と結合した意思疎通機関の設置として具体化された。さらに、一九二一年の阪神の重工業経営における大争議に対し、各経営が工場委員会制度の導入をもって対処したことを契機として、大経営の間に普及していくこととなった。

工場委員会制度は、なお経営共同体的な伝統的労資関係観を継承してはいたが、労働者の人格を承認し、その権利を尊重しつつ労資の協調をはかることを標榜していた点で、明らかに労資関係の動揺を反映した新しいフレーム・ワークであった。しかしそれは、労働組合による団体交渉権獲得要求に対抗して、個別経営ごとに経営者と従業員の意思疎通機関として導入され、台頭してきた労働組合を排除しつつ労資関係の安定をはかろうとした点で、きわめて日本的な特徴をもつものであった。

このような工場委員会を通じて労働者の不満を経営内的に処理していく機構は、慢性不況のもとでの大経営における労働者の個別経営への抱えこみの進展に支えられながら、労資関係の安定化に寄与することになった。すなわち、大経営においては、大戦以来の労働者の経営帰属意識の弱化を防止すると同時に、増大してきた独自の技術体系と経営内分業に対応するため、自らの負担において企業内養成施設を設けて若年労働者を教育し、熟練労働者を補充していく方策がとられるようになった。こうして、義務教育を終えた若年労働者が、特定の経営における教育と経験を通じて徐々に熟練を蓄積し、順次により高い職位に昇進し、それに応じ賃金も上昇していくという、新しい企業内昇進システムが形成されていった。それに加えて、勤続年数を重要な支給基準とする退職手当制度も導入され、労働者の特定の経営への定着がはかられていった。このような企業内昇進の慣行化こそ、工場委員会を通じて労働者の不満を経営内的に処理していく機構が定着しえた基盤であったのである。

そこには、第二次大戦後労働組合が法認されたもとで確立する、企業別組合、年功賃金制、終身雇用制の三者をもって特徴とする「日本的労使関係」の端緒を認めることができる。

(3) 労働者の階層化と労働市場の「二重構造」の成立

大経営における企業内昇進のシステムは、慢性不況のもとで大経営の雇用が停滞から縮小に向かう過程で形成されたものであったため、その反面では、大経営から解雇された、あるいは大経営に雇用機会を見出しえなかった労働者が、過剰労働力として中小経営に堆積していった。しかも、このような中小経営に滞留する労働者は、大経営と中小経営の技術格差が拡大しつつあるだけでなく、大経営が企業内養成を通じて熟練労働者を補充する体制をとるようになったため、大経営に雇用機会を見出すことはきわめて困難であり、浮沈を繰り返す中小経営の雇用機会をめぐってはげしい競争をくりひろげるほかなかった。大経営に雇用機会を見出しえた場合には、企業内昇進のルートにのった常傭工の対極として、雇用調節弁としての役割を負わされた臨時工でしかありえなかった。こうして第一次大戦後の労働市場は、企業内昇進システムのもとに包摂された大経営の労働市場と、たえずより有利な雇用機会を求めて流動する中小経営の労働市場とに階層化していくこととなった。

このような労働市場の「二重構造」の成立によって、大経営では名目賃金が停滞的でありながら実質賃金は物価の下落によってある程度上昇する傾向を示したのに対して、中小経営の賃金はかなり劣悪な水準に落ちこむことになり、賃金・生活水準の労働者間の階層化が生み出された。それは、一九二〇年代の半ばから後半にかけて、工場委員会制度に包摂された大経営から労働組合が足場を失っていったのに対して、中小経営では争議が多発し、労働組合がある程度力をもちえた物質的基盤であった。この多発する中小経営の争議に対して、一九二六年に成立した労働争議調停法が適用されるが、母体となるべき労働組合法を欠如した調停法の限界だけでなく、現実の集団的労資交渉慣行の未成熟によって法内調停は機能しえず、それに代って調停官による法外調停（事実調停）が警察行政との緊密な連繫のもとに進められていった。

さらに付言すると、大戦以後、都市における工場労働者と他の雑業的労働者（職人・日雇等）の生活条件の格差が拡大し、その都市雑業層の生活条件の悪化が、最後の大規模な都市民衆騒擾である米騒動の基盤となったのである。

(4)　出稼ぎ型賃労働の変容

第一次大戦以後、重工業労働だけでなく、紡績・製糸女工に代表される農家の家計補充的な出稼ぎ型賃労働も大きく変容するにいたった。それはまず大戦期に生じた。大戦前にも熟練女工は流動的であり、さまざまな特定企業への引止め策が行われていたが、大戦景気による労働力需要の増大は、不熟練女工についても追加供給が追いつかず、労働力市場が売手市場となった。それは、供給地の農家経済が好転し、農村日雇賃金も上昇したため、家計補充的出稼ぎというプッシュ要因が減少したためでもあった。こうして、女工の賃金引上げをはじめとする労働条件の改善が進められるにいたったのである。

大戦期に生じたこのような変化は、大戦後、一九二〇年恐慌後の慢性不況期にも基本的に持続された。それは、不況期にも女工に対する労働力需要はそれほど減少せず、一たん上昇した賃金水準を引き下げることは困難で、物価下落のもとで実質賃金の下方硬直性が続いたからであった。さらに、それを支えたのは工場法の施行であった。

一九一一（明治四四）年に成立し、一九一六（大正五）年施行された工場法は、深夜業禁止と幼年労働者の保護を主内容としたが、紡績業界の意向を入れて深夜業禁止を一五年間猶予し、また製糸業界の意向を入れて一二時間労働の二時間延長を一五年間猶予することとした（さらに織物業を考慮して適用工場を一五人以上工場とした）。ＩＬＯ総会の影響で猶予期間を短縮することになって、改正工場法が一九二三年に成立し、一九二六（大正一五）年に施行された（実際には震災恐慌の影響のため二九年七月施行）。ただし、改正工場法の施行前から、種々の行政指導や社会的批判をうけて、女工の労働条件の改善がはかられていった。こうした大戦以後の変化を、紡績業と製糸業について具体的にみてみよう。

産業革命期の紡績女工の労働条件は、①「インド以下的」といわれたアジア的低賃金、②「肉体消磨的」といわれた、深夜業を伴う昼夜二交替制の苛酷な就業、③人格拘置的な寄宿舎制度によって特徴づけられていた。そのため女工の「帰郷・逃亡」が多く、女工の定着率が約二分の一と低かった。

これら三つの特徴のうち、①の低賃金は、前述したような第一次大戦以後の労働環境の変化によって賃金水準が上昇し、明らかにアジア的低賃金を脱出するにいたった。すなわち、紡績女工の平均賃金は、大戦末・戦後ブーム期に急騰し、戦前の約三〇銭から一八年四七銭、一九年八七銭となり、そして二〇年恐慌後も上昇し続け、物価下落にもかかわらず一円一〇銭台を持続していくのである。こうして、中国の関税改正が実現し、銀価の落ち着いた二一年には、日本紡績企業の賃金は中国のほぼ二倍となった。それが、深夜業禁止とあいまって、在華紡進出の要因となった。②の深夜業（昼夜二交替制）の禁止は、前述のように、改正工場法の施行によって決定的となるが、その前から、第一回国際労働会議（一九一九年）の決議、改正工場法の成立（一九二三年）によって必至となるや、大紡績は深夜業廃止にそなえた経営の合理化に着手していった。③の寄宿舎制度は、一面ではその大部屋制が女工のストライキを生む温床ともなったため、すでに大戦前から、たとえば、倉敷紡績の開明的経営者大原孫三郎による分散式家族的寄宿舎の建設のような対策が講じられていたが、とくに伝染病の続発を契機として各経営が寄宿舎の改善を開始した。さらに第一次大戦以後の労働環境の変化に対応し、女工の定着率を高めるため、鐘淵紡績をはじめとする大紡績が社内福利施設の拡充をはかっていった。

産業革命期の製糸女工の労働は、①手付金（約定金）及び前借金によって雇われる債務奉公的雇用関係、②一二時間以上に及ぶ長時間労働、③賃金総額＝平均賃金を固定しながら相対評価制度でもって女工の競争心をあおって生産性と品質を高める「賞罰採点式等級賃銀制」の三者で特徴づけられていた。

これらの変化を雇用契約書についてみると、①の手付金（約定金）は一九一八（大正七）年から姿を消し、それとともに契約不履行の場合の違約損害賠償金の規定もなくなり、雇用契約書と別個に「工賃前借之証」が作成されるようになる。そして、契約書から手付金と違約金が消滅することによって、それを基礎とする女工側の一方的な就業誓約と身分保証という契約書の構成が、単なる就業についての合意契約という構成に変化している。この変化は、一九一六年工場法施行規則の違約金禁止規定によるものと思われるが、しばらくは手付金が「前借金」に変形して存続し、それが違約金の役割をも果たしていた。しかし、一九二六（大正一五）年工場法施行令改正によって、あらかじめ定められた「就業規則」に基づき就業する対等の合意契約となり、違約金は実質的にも消滅する。

②の一二時間以上の長時間労働は、工場法によって禁止となるが、製糸業界の反対で一五年間猶予となったもので、一九二六年の工場法施行令改正によって、実施に移される。これを雇用契約書についてみると、一九二七年の契約書から、前述の「就業規則」に基づく就業となり、「就業規則」には、就業時間は一二時間以内（夜間作業は行わない）と明記されるにいたるのである。

③の「等級賃銀制」については、一九一八年以降雇用契約書のなかに賃金の範囲または最低日給額を明記することが一般化してきて、この制度のもつ相対評価機能が制限されてくる。しかも、その最低日給額は、一九一八年五銭、二〇年一〇銭、二四年二〇銭、そして二九年の事例では三〇銭と、二〇年代を通じて急速に上昇していった。相対評価制度はなお存続していくが、最低賃金の平均賃金か

らの開差は明らかに縮小していくのである。

以上のような製糸女工の労働条件の変化は、主として工場法とそれに基づく行政指導（及びそれを支えた『信濃毎日新聞』の社会的批判）によってなされたものであるが、それとともに、女工供給地に結成された女工保護組合（女工供給組合）が果たした役割も無視することができない。

三　農民運動の高揚と地主制の後退

(1)　農民の商品生産者化と農民運動の高揚

大戦景気を機に農村から都市への人口流出が続くとともに、農村に商品＝貨幣経済が深く浸透して農民の商品生産者化が進み、それが農民の覚醒を促して、二〇年恐慌後小作争議の広範な展開をもたらすこととなった。

大戦前には散発的であった小作争議の件数が、一九二一年に一五〇〇件を超え、二六年には二五〇〇件を超えるにいたる（表10）が、たんに争議件数が急増しただけでなく、そこには次のような特徴がみられた。第一に、争議は近畿型農村を中心とする西日本に集中的に発生しており、農民的商品生産の地域的展開に照応していることである。第二に、争議の規模が大きく、全村あるいは数村にまたがる大争議も稀ではなく、階層的にも自小作・小作農民各層の統一がみられたことである。第三に、争議の内容は小作料減額を求めるものが大半を占めたが、それは費用価格（c＋v）意識に裏打ちされた、自家労賃の実現を求める高額小作料の減額であり、小作人側の積極的・攻撃的姿勢が示されて

表10　小作争議

	争議件数	原因1	原因2	参加小作人数	一争議平均	
					参加小作人数	関係土地面積
	件	%	%	人	人	町
1918	256					
20	408	25.0		34,605	84.9	67.1
22	1,578	30.9		125,750	79.7	57.2
24	1,532	66.6	1.6	110,920	72.4	45.9
26	2,751	71.1	11.5	151,061	54.9	34.8
28	1,866	47.3	24.7	75,136	40.3	26.1
30	2,478	22.9	40.4	58,565	23.6	16.1
32	3,414	31.0	44.5	61,499	18.0	11.4
34	5,828	33.3	46.4	121,031	20.8	14.7
36	6,804	20.2	53.6	77,187	11.3	6.8
38	4,615	19.4	55.5	52,817	11.4	7.4
40	3,165	18.3	46.9	38,614	12.2	8.7

原因1は，風水旱病虫害その他の不作を原因とするもの．原因2は，小作権関係または小作地引上を原因とするもの．
加用信文監修『日本農業基礎統計』p.107より作成．

いることである。第四に、争議の多くが小作人側の勝利に終り、争議の結果、小作料が低落していることである。

このような特徴は、後の一九三〇年代の大恐慌期の小作争議が、東北型農村を中心とする東日本に多発し、個別分散的な小規模争議が多く、地主の土地取上げに対し小作契約の継続を求める防衛的性格をもっていたことと対照的であり、まさに大小作争議段階と呼ばれるのにふさわしいものであった。

一九二二年四月神戸で、杉山元治郎・賀川豊彦らによって、わが国最初の全国組織の農民組合である日本農民組合が結成されたが、日本農民組合は農民運動の高揚に支えられて急速にその組織を拡充していった。

(2)　地主の証券投資家化と大地主（数）の減少

地主経営は、一九一七—一九年の米価暴騰期

表11　田畑小作料利回りと証券利回り　(%)

	賃貸純収益利回		東京定期預金年利	国債利回り	社債利回り	株式利回り
	田	畑				
1909	6.27	5.86	5.48			
13	6.54	6.15	6.09			6.75
19	7.92	7.10	5.59			7.50
25	5.67	5.32	6.37	6.03	8.17	7.80
31	3.69	3.89	4.64	5.40	6.49	6.82

田畑賃貸純収益利回り＝（実収小作料－公課等負担－管理取立費）÷耕地売買価格×100．全国（北海道を除く）調査の普通田畑平均．定期預金は6ヵ月物．

日本勧業銀行『第5回全国田畑売買価格及収益調』p.24，大蔵省『金融事項参考書』昭和4年調，p.62，昭和12年調，p.33, 323，朝日新聞社『日本経済統計総観』p.1089より作成．

に一時的な黄金時代を経験したが、その後、二〇年恐慌後の米価の低迷と租税・公課負担の増加に挟撃され、さらに小作争議による小作料の減額が加わって悪化するにいたった。この時期の田畑の賃貸純収益利回りは五％台であり、定期預金・国債の六％台、株式・社債の八％前後の利回りをかなり下回っている（表11）。このような地主経営の悪化のため、大地主を中心に、小作地を売却して経営の重心を有価証券投資に移す傾向が表れてくる。

新潟県内に一〇〇〇ヘクタールの小作地を所有していた三菱の東山農事株式会社が、一九二二年以降土地売却に乗り出し、二九年にはその大半を処分するにいたったことは、その象徴的事例であった。東山農事はさらに、新潟の小作地を売却した資金の一部をもって朝鮮に約一四〇〇ヘクタールの農地を取得し、米騒動後の産米増殖計画に乗じて、植民地地主への転身をはかっている。

大地主の証券投資家化は、小作争議の高揚した西日本でとくに進展し、このことによって近畿六県を中心とする西日本では、大地主が減少するにいたる。すなわち、五〇町歩以上地主の推移をみると、北海道を除く全国合計数のピークは、一九一九（大正八）

表12　50町歩以上地主の推移　（戸）

	全国合計	北海道を除く合計	東北6県	近畿6県
1908	2,574	2,217	516	97
10	2,899	2,314	564	106
12	2,932	2,317	524	**111**
14	3,399	2,381	511	96
16	3,482	2,370	572	87
18	3,586	2,428	581	85
19	4,226	**2,451**	603	82
20	4,249	2,435	582	86
22	4,264	2,354	622	94
23	**5,078**	2,305	581	93
24	4,946	2,333	625	82
26	4,141	2,195	614	88
28	4,051	2,154	620	79
30	3,880	2,117	**634**	61
32	3,734	2,078	632	55
34	3,543	1,941	590	55
36	3,275	1,797	549	53
38	3,201	1,782	529	47
40	2,941	1,742	587	45

農地改革記録委員会『農地改革顚末概要』p.802より．太字は最高数をしめす．

年であるが、近畿六県では、すでに一九一二年をピークとして減少しはじめ、二〇年代後半にはとくに減少が激しくなっている。これに対比して東北六県では、二〇年代にも増加をつづけ、そのピークは一九三〇（昭和五）年であり、減少するのは東日本で小作争議が高揚する一九三〇年代である（表12）。

寄生大地主の減少は、直ちには、広範な在村耕作地主を基礎とする地主制の根幹をおびやかすものではなかったが、この時期の租税・公課中に占める地租・地価割の比重の低下や、地域公共団体の運営への自小作・小作層の登場とあいまって、地主勢力の後退を示すものであった。

(3)　農村支配秩序の動揺と地主勢力の後退

都市とは違って町村議会では、一九二一（大正一〇）年の町村制改正（等級選挙制廃止、町村公民の資格要件を町村税納入のみとする）を画期として、事実上の「普選」状況があらわれていた。すなわち、町村会議員のうち約二〇％が「小作人」議員であり、さらに、「小作人」議員が三分の一以上を占める議会が六七町村、過半数を占める議会が六〇町村もあった。一九二六年町村制改正で「普選」が実現した後の一九二八―二九（昭和三―四）年の選挙には「小作人」議員の比重は、さらに二四％に増加した。このような農村における下層民の町村議会への進出は、無産政党を組織基盤とするものではなく、農民組合が主導するものも多くはなかったが、明らかに旧来の地主＝名望家支配秩序を動揺させるものであった。

農民組合が主導する下層民の村政への進出のもっとも先進的事例を、群馬県強戸《ごうど》村にみることができる。須永好によって指導された強戸村農民組合は、すでに普選以前の一九二五年の選挙で村会議員の三分の二を制し、村長に組合員を当選させた。そして、その後一〇年近くにわたって村政および農会を掌握して、小作料軽減だけでなく、戸数割の地主への重課、自作・小作の中貧農層への軽課ないし免除を行い、また中貧農層への農業資金の貸付などを行い、地主層の支配していた村政の変革をなしとげた。しかし、強戸村農民組合は、一九二九年の村会選挙では、社会大衆党公認という形で候補者を立てて選挙にのぞむが、かえってその勢力を前回より後退させていった。それは、直接には地主層のまきかえしによるものであるが、それだけでなく、昭和恐慌へ突入するなかで農民組合が新たな展望を開くことができなかったことによるもので、その後、官製的な農村経済更生運動による農民のファッショ的統合＝組織化の波に呑み込まれていった。

右の強戸村のような事例はごく点在的であり、むしろ、この時期の農民組合運動の発展が、自小作・小作の下層農民の町村および部落の運営機関への進出をもたらし、多くの地域で部落での小作料の取り決めや紛争の調停に小作農民の代表（または小作農民の利害を代表する農民組合の役員）が参加する一種の「階級協調システム」が生み出された。その代表的事例を、長野県埴科《はにしな》郡五加《ごか》村の内川区＝部落にみることができる。

内川部落では、一九二〇年までは、部落の運営を担う区長・区長代理・協議員（六名）はほとんどが地主・自作の上層農民であり、小作料の収取に関する事項は地主会で取り決めていた。ところが、一九二二年内川小作農組合が結成されると、この体制が動揺するにいたる。すなわち、結成後直ちに小作農組合は、地主側に畑小作料の減額を要求し、区長・協議員の調停で若干の減額＝妥協が行われる。この争議の最中に行われた改正農会法に基づく農会総代（五名）の選挙では、予選候補者でない内川小作農組合の初代組合長が当選している。こうして、二四年の区長・区長代理・協議員の改選においては、小作農組合の組合長が六名の協議員の一人として選出され、また、部落の集会場・内川倶楽部を管理・運営する幹事にも組合代表が選ばれて、小作農組合の代表が部落の運営に参加する体制が生れるにいたった。そして、毎年の畑小作料協定相場を、組合の代表が参加する協議会で決定するにいたるのである（なお、田小作料は一九三〇年代の争議の対象となる）。

その後、内川小作農組合は、一九二七年、日本農民組合長野県連内川支部となって政治色を強めるが、部落の諸活動を担うことを基礎に、霜害対策・害虫駆除などで、下層農民の利害を反映する施策を推進していった。

(4)　小作調停法と自作農創設維持補助規則の成立

第一次大戦以後、地主と小作農民との対立が激しくなるとともに、資本主義と地主制との矛盾（米価問題など）も表面化してきたため、その矛盾を緩和するために、地主の利益を擁護しながら地主に一定の譲歩を求める小作保護の農地政策が、主として農商務省の新進官僚によって企図され、徐々に実現されてくる。その起点が、一九二〇（大正九）年一一月の小作制度調査委員会の設置であった。

小作制度調査委員会での審議・政策立案は、①小作制度改善のための小作立法、②自作農の創設維持、③小作紛争の仲裁・調停の三者を中心として展開していくが、最初に審議の対象とされたのは、小作組合法をふくむ①の小作立法であった。それについて出された同委員会幹事私案は、地主の恣意を抑え小作農の耕作権を強化する点では、その後政府部内で企図されたどの小作法案よりも徹底したものであった。しかしこの案は、委員会内外の地主層の利害代表者によって弱体化され、そして、小作法案および小作組合法案の審議が棚上げされて、立案の中心は、③の小作紛争の調停と②の自作農の創設維持へと移っていった。

とくに、日本農民組合の創立（一九二二年四月）に示される、折からの農民運動の台頭を前にして、委員会は、直接に小作争議の鎮定を意図する小作調停法案の審議を急ぎ、「小作調停法案」（一九二二年九月）を決定するにいたる。それが本質的な変更をうけることなく、同委員会に代って設置された小作制度調査会（一九二三年五月設置）の答申を経て、一九二四年小作調停法（七月二二日公布、一二月一日施行）として成立するのである。小作調停法は、小作関係の近代化への方向性を持たず、慣行的な小作関係を是認して、ただその矛盾の発現である小作争議を法的強制によって調停＝抑制しようとするもので、日本農民組合が絶対反対を唱えただけでなく、地主小作関係の妥協的改善を意図する官僚・学者も不満とするところであった。

一方、自作農の創設・維持については、小作制度調査委員会において審議が開始されたが、税制との関係、土地取得の方法、事業資金の財源等の難しい問題をかかえて成案がえられず、次の小作制度調査会において本格的な審議が開始される。同委員会は、貨幣鋳造益金を資金源とする「自作農地助成計画案」（農務局長私案）、起草委員会作成の「自作農地助成制度要綱」等の審議を経て、一九二四年四月、「自作農地創定要項」を決定・答申したが、その骨子は、政府の行う自作農地創定施策として土地購入資金の貸付と利子補給の二方法を合わせ行い、その資金の確保のために特別会計の基金法を制定することにあった。

政府は、特別会計の基金法を除き、資金源を貨幣鋳造益金から簡易生命保険積立金の融通の増額にかえて予算化し、上の「要項」の主旨にそって、一九二六年五月「自作農創設維持補助規則」を公布した。これにより政府の自作農創設維持政策がはじめて現実化するのであるが、「農村ノ中堅ヲナス」自作農の奨励と「小作問題ノ緩和」を目的とするこの政策は、その創設計画面積が、一九二七年の修正計画でも二五年間で約一一万四〇〇〇町歩、わが国小作地面積の約二三分の一に過ぎず、しかも、自作農創設の方法は、道府県・市町村・農業組合等の事業主体がたんに耕地購入資金を農民に貸し付けるという間接創定主義をとり、また耕地の売却を地主の任意にまかすという自由創定主義をとる微温的なものにとどまった。そしてこの方法が、その後長くわが国の自作農創設政策を特徴づけることとなった。

さて、小作法の審議・立案は、小作制度調査会においては自作農創設維持施策より後回しにされることによって中断されたが、一九二六年五月にいたって、若槻礼次郎憲政党内閣により設置された小作調査会において再び開始された。この背景には、一九二六年をピークとする小作争議の拡大、農民運動の第一次高揚があった。この小作調査会で審議決定した「小作法要綱」(二六年一〇月)等に基づいて、小作契約の第三者に対する効力の法認、地主の解約と契約更新拒絶に対する一定の制限等を内容とする小作法草案が作成され、一般に公表されたが、若槻内閣の総辞職により小作立法の企図はさらに見送られることとなった。

この小作法案の審議立案過程における調査会内外の地主勢力の反対は強硬をきわめ、とくに大日本地主協会等の地主団体の小作法案反対修正意見は、小作法案を骨抜きにするだけでなく、民法の賃借規定よりもさらに地主的利益を図ろうとするものであった。一方農民組合は、ようやくこの段階にいたって、日本農民組合の耕作権の確立を中心眼目とする「小作法案の骨子」(一九二六年三月)に具体化されたように、自らの要求を明確にするにいたるが、同時に、まさにこの時期から農民組合は分裂を開始するのである。

小作法の立案は、その後一九二九年、浜口民政党内閣の下で三たびとりあげられ、昭和恐慌が農村をおそい、小作争議が激化して農民運動が第二次高揚を迎えた一九三一年に、小作法案がはじめて議会に提出されるにいたった。この小作法案は、さきの小作法草案をほぼそのまま踏襲したものであるが、衆議院において地主の権限を強化するよう修正を加えられ、貴族院において審議未了でほうむられた。ここに、戦前における支配階級の構成の下では、地主小作関係の妥協的改善をはかる小作立法の企図さえ実現しえなかったことを確認することができる。

四　大正デモクラシーと天皇制国家の変容

通常、一九一二―一三（大正元―二）年の第一次護憲運動による桂太郎内閣（第三次）の倒壊（いわゆる大正政変）から、一九一八年の原敬政党内閣の成立、さらに第二次護憲運動による一九二四年護憲三派内閣（注7）（加藤高明内閣）の成立と翌二五年男子普通選挙制の成立を経て、一九三二（昭和七）年五・一五事件による政党内閣制の崩壊にいたる約二〇年間は、大正デモクラシー期と呼ばれる政治革新の時代であった。そして大正デモクラシーには、政党レベルのデモクラシーと民衆運動レベルのデモクラシーと二つの潮流があり、両者は相互に交錯または対立しあいながら政治革新をおし進めた。その政治革新の過程をやや詳しく跡づければ、次のようである。

(1)　政党内閣制の成立

一九一三年二月の桂内閣の倒壊は、日露戦後の不況の慢性化と租税負担の重圧のなかで、ようやく顕在化した都市中小企業者の廃税・減税運動と民衆の憤懣および中国の辛亥革命（一九一一年）を背景とし、陸軍二個師団増設問題をきっかけとして、都市中間層が主導し、政友会・国民党も参加した「閥族打破・憲政擁護」の運動が全国的に高揚し、激昂した万余の民衆が議会を包囲するなかで行われた。

大正政変後成立した山本権兵衛内閣（第一次）は、政友会の要求を容れて①首相・外相・陸海両相の四名を除く全閣僚の政友会入り、②大規模な行政整理による営業税の三割軽減の公約、③軍部大臣現役将官制の改正による軍部大臣の予備・後備役大将・中将への拡大、文官任用令の緩和による政党員の上級官吏への任用の道開き、などの改革を行った。しかし、ドイツ・シーメンス社からの収賄事件の発覚、海軍軍拡予算の貴族院での否決、そして再び万余の民衆が議会を包囲するなかで、総辞職に追い込まれた。

この政治的行詰りを打破するため、長州閥（官僚・陸軍閥）が同志会と組んで、国民的人気をもつ大隈重信を登場させ大隈内閣（第二次）が成立するが、財政難のなかで（しかも同志会は政友会に対抗して緊縮財政＝非募債主義を標榜していた）陸海軍の軍拡要求を実現させ、中小企業者の営業税全廃要求にこたえることは不可能であった。この大隈内閣の窮状を救ったのが、第一次大戦の勃発であった。大戦が起こると政府は、陸軍二個師団増設案と海軍拡張計画（八・八艦隊建設計画）を議会に提出し、軍拡選挙で与党が圧勝してそれを簡単に通過させた。しかも大隈内閣は、対華二一ヵ条要求を行って、軍部の中国侵略に加担したのである。そして、軍拡選挙での勝利で自信を得た長州閥は、大隈内閣についで、一九一六年一〇月、完全な超然内閣である寺内正毅内閣を成立させた。

寺内内閣は、国内政治で非立憲的政治を行っただけでなく、対外政策では対華二一ヵ条要求以来の対中国侵略政策を強め、さらにシベリア出兵を行ったが、大戦末期の物価騰貴のなかで民衆の不満が高まり、とくにシベリア出兵を契機とする米価暴騰に対して、一九一八年近代史上最大の民衆騒擾である米騒動が勃発し、寺内内閣は退陣を余儀なくされる。こうして、「平民宰相」原敬を首班とする最初の本格的政党内閣、原敬内閣が成立するにいたる。

原内閣は、外相・陸海両相以外の全閣僚を政友会員でしめ、国内政治では鉄道建設と中等・高等教育期間の拡充を中心とする「積極主義」政策で国民の支持を獲得した。さらに貴族院改革に着手し、郡制を廃止するなど官僚勢力の削減につとめ、また対外政策では、ワシントン体制下での対米協調・中国不干渉政策を展開したが、民衆の民主主義要求にはきわめて冷淡であった。普通選挙要求には反対してわずかな選挙権の拡大（納税資格を直接国税三円以上にする）にとどめ、また労働者の団結権・団体交渉権を制限する治安警察法第一七条の撤廃要求や労働組合法の制定要求にはこたえなかったのである。ただし実際には一七条は労働運動の取締りに使われなくなり、これが運動の昂揚の要因にもなった。

(2)　普通選挙・治安維持法体制の成立

大正デモクラシーは、米騒動・原内閣成立以後新しい段階に入った。すなわち、民主主義運動が労働運動・農民運動をはじめ、部落解放運動・婦人運動・学生運動・地方市民運動などへ広がり、普通選挙運動が、一九一九年の普選期成連盟（友愛会系）、二〇年の全国普通選挙期成連合会の結成を画期として、都市中間層だけでなく全国各地の市民団体や労働組合が参加する全国的政治運動となったのである。

一方、政治の世界では、野党第一党として普選と社会政策の実行を要求していた憲政会だけでなく、原敬の死去と二〇年恐慌後の不況のなかで勢力の衰えた政友会も、政権を担当する能力がなく、中間内閣がつづいた。一九二四年一月に、貴族院研究会を基礎とし、政友会の脱党組を準与党として、山県閥（長州閥）の清浦奎吾が内閣を組織したことは、このような政治的行詰り状況を打開する機会を与えることとなった。憲政会・政友会・革新倶楽部の三党は連合して、民衆運動の高揚を背景に、清浦内閣打倒、普選断行、貴族院・枢密院の改革、行政整理などを掲げて憲政擁護運動（第二次護憲運動）を展開し、五月の総選挙で三党合わせて六一％の議席を獲得して内閣を総辞職へ追い込んだ。こうして護憲三派内閣（加藤高明内閣）が成立し、再び政党内閣が復活した。注目すべきことは、護憲運動の過程で政友会が普選尚早論を引っ込めて普通選挙に賛成するにいたったこと、憲政会が外交方針を転換して原内閣以来の対米協調＝中国内政不干渉政策を採用したことである。大正デモクラシーの課題であった普選と国際協調が政党の共通認識となったのである。

護憲三派内閣は、一九二五年の第五〇議会に、二五歳以上の男子に衆議院議員の選挙・被選挙権を与える普通選挙法案（衆議院議員選挙法改正案）を提出し、それが枢密院・貴族院で修正されて二五歳以上の男子に選挙権、三〇歳以上の男子に被選挙権を与える普通選挙法が成立するにいたる。忘れてならないことは、普通選挙法案の提出は治安維持法案の提出と抱き合わせだったことである。

もともと普通選挙を国民の権利（参政権）の実現としてではなく、やむをえない政治安定の手段とみる支配層は、普選必至の情勢のなかで、普通選挙法案の準備と同時に普選による社会主義運動の拡大を防ぐ治安立法の準備をすすめていた。すでに加藤友三郎内閣のもとで、審議未了に終ったが、過激社会運動取締法案が上程されていた。治安立法と抱き合わせで普通選挙を実施するという基本方針は、護憲三派内閣にも引きつがれていった。

治安維持法案は、「国体若《もしく》は政体を変革し又は私有財産制度を否認」することを目的として結社を組織したり、そのための協議・煽動・利益供与などを行った者に対し、一〇年以下の懲役または禁固刑を科することがその骨子である。それをめぐって用語法や法律論がくりひろげられたが、結局、「若は政体」を削除しただけで、普通選挙法より前に成立し、四月に公布された。議会での反対者は、衆議院で実業同志会と革新・中正両倶楽部の有志一八名、貴族院ではわずか一名だけであった。それほどに日ソ国交回復と普選実施による社会主義運動の拡大をおそれる空気が強かったのである。

最初の普通選挙が実施された一九二八年、治安維持法によって結社・言論・思想を取り締まる特別高等警察（特高）が全国各府県に設置され、天皇制支配体制はブルジョア的変容をうけてむしろ強化された。そして、護憲三派内閣の後、加藤高明憲政党内閣から、一九三二年の五・一五事件で倒される犬養毅内閣まで、第一党が政権を担当する政党内閣制の慣行が続くが、天皇制と資本主義制度に反対する社会主義政党の弾圧を目的としていた治安維持法は、その後の法の改悪（とくに一九二八年国体変革者への死刑の追加）と適用の拡張解釈によって、労働者・農民運動はもちろん、自由主義・民主主義の運動と思想まで抑圧して、戦争とファシズムへの道を支える役割を果たしていったのである。

（注7）「護憲三派内閣の評価」について――「上からのブルジョア革命」論を中心に――

第一次大戦を画期とする国家と諸階級の関連の変化にかかわる近年の主要な研究動向は、第一次護憲運動―大正政変（一九一二―一三年）を前提に、第一次大戦後の米騒動―原敬内閣の成立（一八年）から第二次護憲運動―護憲三派内閣の成立（二四年）と治安維持法・普通選挙法の成立（二五年）に至る過程を、階級構成の変化と階級対立の進展を基礎とする天皇制国家の動揺と再編＝変容の過程として明らかにすることに向けられてきた。この研究動向のなかには三つの流れ、すなわち第一に大正デモクラシー史研究、第二に労働者・農民運動史研究、第三に国家史研究の三つの流れがあるが、ここでは、当該課題に関してもっとも包括的な立論として注目される、第三の国家史研究の流れに属する「上からのブルジョア革命」論に焦点をしぼって、問題点を検討することとする。

一八四八―七〇年のプロシャ（ドイツ）または一八六一―一九一〇年のロシアについていわれている「上からのブルジョア革命」という概念を、マルクス・エンゲルス・レーニンの文献にそくして検討し、その方法的視点から日本における天皇制絶対主義の変質を問題にしようとしたのは下山三郎であるが、それを具体的に一九一〇―二〇年代の日本について問題にしたのが後藤靖である（後藤靖「近代天皇制論」『講座日本史9　日本史学論集』東京大学出版会、一九七一年）。後藤は、ブルジョア革命を経なかった後進資本主義国では、資本主義の発展、帝国主義への移行に伴う階級関係の変化と、階級闘争の進展によって必然とされる絶対主義的統治機構・法体系の編成替えが、政府・官僚の主導による「上からのブルジョア革命」として推進されるという観点から、天皇制国家の変質を「上からのブルジョア革命」の開始・本格化・完了の過程として明らかにしようとする。その結論は、「上からのブルジョア革命」は端緒的には第一次護憲運動―第一次山本内閣の時期に、本格的には第一次大戦後の米騒動―原内閣の時期に開始され、この時期以降、絶対主義的統治機構の、官僚と独占資本との癒着を軸とする近代帝国主義的統治機構へのなしくずしの移行がすすめられたが、「けれども、一九三〇年以後、天皇制ファシズムが完成する（その指標――一九三八年国家総動員法の成立）までは、上からのブルジョア革命は完遂されはしなかった」ということである。後藤の結論の最後の部分は「天皇制ファシズム」の成立により「上からのブルジョア革命」が完遂されたとしているように解され、そうだとすれば、それは軍部・官僚主導の「天皇制ファシズム」の特質を理解しない謬論というほかはないが、ここではそれが主題ではないので立ち入らない。

後藤靖の「上からのブルジョア革命」論において、「上からのブルジョア革命」の指標とされているのは、第一に、一九一六年経済調査会以後の、内閣の下に設けられた官僚と独占ブルジョアジーを中心に構成された各種調査会を通じて、独占ブルジョアジーが立法・政策決定過程に大きな規制力をもつにいたること、第二に、原内閣以後の政党内閣、とくに護憲三派内閣による絶対主義的諸制度の改革――植民地総督武官制廃止、文官の自由任用制、郡制廃止、市町村制改正、府県制改正、貴族院改革など――および普通選挙制実施、第三に、借地借家調停法・職業紹介所法（一九二二年）、小作調停法（二四年）、自作農創設維持補助規則（二六年）、労働争議調停法・治安警察法改正（二六年）等の「社会法」と、過激社会運動取締法案（一九二二年）、刑訴法改正（二四年）、治安維持法（二五年）、暴力行為等処罰令（二六年）等の「帝国主義段階の弾圧立法」の同時成立、の三つである。これらの三つの事象自体は、すでによく知られていることであり、たとえば第二・第三の点については、大正デモクラシー運動史研究において松尾尊兊によって「疑似民主的・帝国主義体制」の成立の指標とされたものである。問題は、それらがどのような論理によって「上からのブルジョア革命」の指標となりうるのか、あるいは、それの事象は相互にどのように関連しつつ統治形態を変質させたのか、を明らかにすることである。

第一の指標については、たんに政府・官僚と独占ブルジョアジーの癒着の強化ではなく、独占ブルジョアジーの立法・政策決定過程への関与のあり方が変化したことに着目する必要がある。すでに一九〇〇年代以降、政商＝財閥はその経済力の強大化（他方で国家機構の確立）を背景にして、国家の個別的・直接的な保護からの一定程度の自立化を進めつつあった（たとえば官金預金独占による三井・第一両銀行の圧倒的地位の後退と新たな預金集中）が、第一次大戦以後その自立化を達成し、国家的保護が独占利潤の獲得にとって補足的条件となっていき（大戦中の海運・造船業における遠洋航路補助返上の動きや造船奨励法の停止）、こうした一定の自立性を基礎に、国家・国家資本との新たな結合関係を展開していったことである。この過程は独占＝金融資本の成立・確立過程にほかならないのであるが、この過程において、もともと「序列的重層的構成」をとっていた「日本型ブルジョアジー」の階層間格差が決定的となっていった。それと同時に独占ブルジョアジーの巨大地主層に対する優位が確立していき、巨大地主層は、地主的土地所有を停滞ないし後退させつつ、証券投資を増大させるだけでなく、さらに自ら会社・銀行の役員を兼ねることによって「農外ブルジョア化」していった。

これに対応して、被支配階級の状態と動向も変化した。それは労働者・農民にとどまらず、都市の雑業層・下層民、農漁村の半プロ層・日雇層、非差別部落民にもおよび、後者を主たる担い手として近代史上最大の民衆運動である米騒動が発生したこと、また都市中間層を中心的担い手とする大正デモクラシー運動が、労働者の普選運動と結びついて、政党政治の発展と普選体制の成立を推進する力となったことに示されている。しかし、もっとも注目すべき変化は、労働者階級の状態と動向の変化である。

周知のように、第一次大戦後、官民の重工業大経営を中心に近代的労働者階級が形成され、彼らを中心的主体として、同時に成立する労働組合と結びつきつつ労働争議が続発し、労働者運動が高揚し、それに対応して政府および資本家の労働政策も大きく変化していった。

第一に、一九一九年以降、友愛会の大日本労働総同盟友愛会への改組をはじめ、労働組合またはその連合体が発展し、労働者階級の連帯が生れていったが、その契機となったのは、治安警察法第一七条撤廃運動・普通選挙運動およびＩＬＯ労働代表選出問題であったことである。それは、当時の労働者と労働組合にとって、労働者の「人権の承認」がもっとも基本的要求であり、それを実現するために労働組合と政治的自由が求められたためであった。

第二に、一九二〇年恐慌後の労働組合運動は、団体交渉権確認要求争議を通して発展したが、それが資本家の強硬な態度によって敗北した後、財閥系大企業において急速に労働組合が排除され、それと引換えに企業内的な工場委員会が設立されていったこと、そして、その転換を典型的に示す二一年の三菱・川崎造船所の大争議においても、もっとも基礎的な指導理念は「工場の立憲化」、労働者の「人格の承認」の要求であり、それを獲得するために団体交渉権確認という権利要求が掲げられ、またその争議形態も、即自的な工場「反乱」と向自的な意識的階級闘争とがほとんど同時に継起してくるという特徴をもっていたことである。

第三に、政府の労働政策の転換により、治警法第一七条の適用制限（一九一九年）、ＩＬＯ労働代表選出方法の変更による事実上の労働組合の公認（二四年）が行政措置として行われ、また、二六年の労働組合法案の流産後、同法案に内包されていた労働組合公認主義と労働組合取締主義との二面的政策の複合という形で、行政上の労働組合政策が遂行されていくことである。

第四に、治警法改正と同時に、労働争議調停法が、その母法となるべき労働組合法がブルジョアジーの抵抗により未成立の状態で成立し、施行され（一九二六年）、それが主として二〇年代後半に頻発する小中経営の労働争議に適用されるが、労働組合法を欠如した調停法の限界および現実の集団的労資関係の未成熟によって法内調停は機能しえず、それに代って調停官による法外調停（事実調停）が警察行政との緊密な連繫のもとに進められたことである。

以上の主として重工業大経営における労働者の状態と動向の変化と並行して、労働者階級の多数を占めていた繊維工業労働者の状態と動向も変化した。繊維工業女子労働者は、(1)前借金と結びついた人身売買的・債務奴隷的色彩をもつ年季奉公契約、(2)雇主の恩恵と被傭者の無定量の忠実奉仕義務とが対応している主従関係、(3)労働規範が雇主の一方的・恣意的な決定に委ねられている権力関係によって特徴づけられ、しかも、それが近代市民法によって近代法的形式を与えられ、権力的に保障される関係にあった。このような半封建的な雇用＝労働関係は、一方では労働者の陶冶を通じて、他方では国家の労働者保護政策による近代法的形式の賃労働関係への内実化によって、しだいに市民的関係へ変化してくる。具体的に繊維工業女子労働者についていえば、一九一六年の工場法施行と二六年の改正工場法の果たした役割が大きい。これによって深夜業禁止と幼年労働者保護だけでなく、契約当事者主義、賃金支払規定の明示、違約金禁止、賃金月払、さらには就業規則・給与賞与規定・職工任意貯金管理規程・職工扶助規則の制定等、いずれも工場法の施行を契機に行われた。こうした変化は、半封建的な賃労働関係の近代市民的賃労働関係への改変と、資本家対労働者の階級対立を背景とする帝国主義段階の労働者保護政策と、本来歴史段階を異にする二つの問題が同時に重なりあって現われたことを意味していた。

繊維工業の女子労働者を供給していた農村も、この時期に大きく変化してくる。一九二〇年恐慌後、自小作中農層を主導力とする小作争議が広範に展開し、それによって半封建的地主・小作関係と農村支配秩序が動揺したのに対し、小作立法の未成立のまま小作調停法（一九二四年）が制定され、自作農創設維持規則（二六年）も公布される。農民運動の高揚によって小作料は一定程度引き下げられるが、調停法体制が成立し、また、それぞれの村落で地主・自作・小作の三者で小作料をとりきめるいわゆる「協調体制」が成立し、農村は大きく変化してくるのである。

以上のような政府・官僚と独占ブルジョアジーの癒着の進展と、労働者・農民階級と農村秩序の変化に対応して、護憲三派内閣を頂点とする政党内閣による天皇制国家のブルジョア的改革が進むのであり、一九一〇―二〇年代の天皇制国家の変容は、「上からのブルジョア革命」論の適用としてではなく、独占＝金融資本の確立を基礎として官僚・政党（―独占ブルジョアジー）によって「上から」行われた明治憲法体制の帝国主義的ブルジョア的改編として理解すべきであったのである。

第五章　世界大恐慌と日本資本主義の危機・再編

一九二九年一〇月二四日（暗黒の木曜日）、アメリカ・ニューヨーク株式市場の株価暴落に端を発した未曾有の世界大恐慌は、満四年にわたって資本主義世界を不況の底におとしいれ、三一年九月イギリスの金本位制停止を画期に国際金本位制を崩壊させた。恐慌に直面して各国は、国際協力によるその克服を目指したが、三三年ロンドン世界経済会議の決裂を最後に失敗に帰し、イギリスを先頭に世界はブロック経済の時代へ入っていった。ブロック経済体制をさらに軍事対立へ推進していったのは、後発帝国主義国日本とドイツであった。一九三三年両国の国際連盟脱退を機に、一九二〇年代の国際協調体制（ヴェルサイユ・ワシントン体制）が崩壊し、三〇年代半ば以降各国の軍備拡張競争が激しくなり、世界は第二次世界大戦への道を歩んでいくことになる。

第一節　世界大恐慌と日本の恐慌（昭和恐慌）

世界大恐慌の発生は複合的要因によるが、基本的には第一次世界大戦後の世界経済の構造的不均衡の表れであり、たんなる独占資本主義段階の慢性不況ではなく、新しい時代を画するものであった。大恐慌の発端となったアメリカの株式ブームの崩壊自体、主導的産業部門である耐久消費財（とくに自動車と住宅）における消費者信用・不動産担保信用の拡大を基礎とする過剰投資・金利上昇という新しい段階の矛盾の表れであったが、その世界恐慌への発展・長期化、すなわち〈アメリカの対欧投資の引上げ→ヨーロッパの金融恐慌と世界農業恐慌→アメリカの金融恐慌〉という過程は、第一次大戦後最大の貿易国・投資国となったアメリカに支えられた「人工の連鎖」の破綻を表現していた。そして、恐慌で危機におちいった各国は、それぞれ管理通貨制度を基礎に恐慌克服に努める。その方策に大きく言って対外軍事進出によるドイツ・ナチス型と国内消費需要拡大によるアメリカ・ニューディール型との差異をもちながら、いずれも最終的には恐慌を克服しえずに準戦時体制に入っていった。

このようななかで、もともと半封建的諸関係をもつ脆弱な日本資本主義は、恐慌で深刻な危機におちいり、その克服のために対中国侵略への道を歩むことになる。以下、日本の恐慌（昭和恐慌）の特徴を、発生過程・展開過程・克服過程に即して具体的にみてみよう。

一　恐慌発生過程の特徴

(1)　一九二七年金融恐慌

日本は大恐慌においてヨーロッパ諸国のような激しい金融恐慌に見舞われなかったが、それはすでに一九二七年金融恐慌を経験していたからであった。もちろん大恐慌の過程で破綻した地方銀行は数多く見られたが、それは主として次に述べる蚕糸恐慌にともなうものであった。

一九二七年三月一五日東京渡辺銀行の休業をきっかけに起こった金融恐慌は、京浜地方を中心とする東日本各地での銀行取付と休業が一段落した後、四月八日の鈴木商店系の六十五銀行の休業、さらに近江銀行と台湾銀行の休業を画期に西日本各地に広がり、四月二一日十五銀行が休業するや全国に波及していった。

政府は応急対策として四月二二日三週間の支払猶予令を発し、同時に全国銀行は二二・二三日一斉に休業することとした。さらに政府は、五月九日「日本銀行特別融通及び損失補償法」を制定して、日銀が営業継続銀行へ預金支払資金の融通を行い、それを政府が五億円まで補償することとした。最終的には一九二八年五月八日までに八八行に対し、六億八七九二万円が融資されたが、特別融通によっても支えきれず、さらに破綻する銀行が続出した。

金融恐慌は、一九二七年三月議会において震災手形処理を通じて地方中小銀行と台湾銀行（破綻した鈴木商店と密接な関係をもった）の経営改善を図るための緊急融資案と震災手形処理法案を審議中、東京渡辺銀行破綻との片岡直温蔵相の「失言」をきっかけに起こったとされる。しかし、もともと一九二〇年反動恐慌による大戦・戦後ブームの崩壊に対し政府が手厚い救済政策を行い、本来整理されるべき不良債権の整理が進まなかったことに起因していた。そのため、金融恐慌の過程で取付にあわなかった都市大銀行や、銀行合同によって地歩を固めていた有力地方銀行を除き、ほとんどの銀行が恐慌の打撃からのがれられなかった。恐慌の結果、有力地方銀行を中心に地方銀行の再編成が進められていくと同時に、都市二流銀行と中小地方銀行の預金が都市大銀行（とくに三井・三菱・住友・安田・第一の五大銀行）と郵便貯金に流れていき、都市大銀行の独占的地位が確立していった。こうして、預金を集中した独占＝金融資本は、蓄積された過剰資金の新たな投資先を求めて政府に金解禁の断行を要請することになる。

(2) 金解禁の実施と「解禁恐慌」

昭和恐慌のもう一つの特徴は、世界恐慌の波及によって恐慌が全面化する前に、金解禁政策と金解禁の実施によって、すでに「解禁恐慌」と呼ばれる一種の安定恐慌に突入していたこと、しかも、その「解禁恐慌」に突入する直前に好況末期のブームをもたなかったことである。すでに激しい金融恐慌を経験しながら、なお「解禁恐慌」におちいらざるをえなかった点に、恐慌発生の日本独自の要因とその基礎としての日本資本主義の構造的脆弱性を認めることができる。

一九二九年七月、張作霖爆殺事件の処理をめぐって田中義一内閣が総辞職に追い込まれた後、浜口雄幸を首相とする民政党内閣が成立した。浜口内閣は、外相に幣原喜重郎、蔵相に井上準之助をすえて、「協調外交」と金解禁・財政緊縮・産業合理化および消費節約・貯蓄奨励を主要な柱とする十大政綱を発表した。井上蔵相の構想は、金解禁＝金本位制復帰によって通貨価値と為替相場の安定をはかり、国内の物価水準を国際物価水準にまで引き下げて国際収支のバランスを回復すること、同時に軍縮をふくむ緊縮財政＝デフレ政策と産業合理化政策によって日本経済の体質を強化することにあった。井上は、緊縮予算を編成するとともに日銀に正貨準備を充実させ、一一月には、すでに発生していたアメリカの株価暴落を、金利を低下させて金解禁にむしろ有利に作用すると判断し、横浜正金と米英財団との間に一億円のクレジットを設定させることにも成功して、翌三〇年一月一一日をもって、金解禁を実施するとの大蔵省令を公布した（いわゆる「予告解禁」）。

この過程で二九年下期から不況におちいるが、それは、金解禁政策とそれによる円為替の騰貴によるものであり、また、国際的な金本位制復帰のなかで銀価が急速に下落し、アジア（とくに中国）市場への綿製品輸出が困難となったためであった。同年末からアメリカ恐慌の影響が表れはじめるが、世界恐慌の波及が本格化するのは、三〇年一月の金解禁実施後、三―四月の株価下落も小康状態に入った五月以降である。この間、二月の総選挙で、十大政綱が広く国民の支持をえた民政党が政友会に圧勝し、井上蔵相の金解禁は、圧倒的な議会勢力を背景に順調に進むかに見えた。しかし、恐慌は予想外に深刻で、井上はその対策に追われることになる。

(3)　恐慌発生の複合的要因

世界恐慌の波及は、三〇年五、六月以降本格化し、一一月にかけて物価は鋭角的に下落し、激しい恐慌状態に突入する。この過程で注目されることは、綿糸・鉄・生糸・米という、価格低落幅が大きく、しかも生産額の大きい主要商品の価格急落の時期に、かなり大きなズレがみられることである。このことは、日本の恐慌が複雑な諸条件の複合として発生したことを示す。とくに生糸の価格急落の遅れは、〈アメリカの恐慌→生糸輸出の激減→日本の恐慌〉としてのみ世界恐慌の波及を捉える理解の一面性を示すものであり、銀価下落とアジア（とくに中国）市場への綿製品輸出の不振、欧米のダンピング政策の鉄鋼業への打撃、アメリカ市場の収縮と蚕糸恐慌、植民地米移入と農業恐慌など、恐慌発生要因についての主要商品ごとの国際的関連における多面的な理解が必要とされるのである。

注意すべきことは、この恐慌発生要因の複合的性格は、日本資本主義の貿易＝産業構造の特質と深くかかわっていたことである。世界恐慌の波及は、対ヨーロッパ貿易・対アメリカ貿易・対東南アジア貿易・対東北アジア貿易の四つの主要環節から構成される日本の貿易構造の、それぞれの主要環節を通じて展開されたのである。しかし同時に、次の恐慌展開過程の特徴において述べるように、恐慌がもっとも深刻であったのは蚕糸恐慌と農業恐慌であり、そこに日本資本主義の構造的脆弱性がもっともよく表現されていたことも忘れてはならない。

二　恐慌展開過程の特徴

(1)　蚕糸恐慌と農業恐慌の深刻化

昭和恐慌の大きな特徴は、とりわけ蚕糸恐慌と農業恐慌が深刻化したことである。前述したように、「解禁恐慌」のなかで綿工業や重工業が円為替相場上昇と銀価下落の作用を受けていち早く恐慌状態におちいるのに対して、蚕糸業は、アメリカ絹工業の好況と円相場上昇による糸価上昇を見込んだ思惑買によって、生糸の輸出増と生産拡大、繭生産の増大（三〇年春蚕まで）がみられた。二九年一〇月から糸価の低下が起きるが、在庫増と糸価維持政策によって決定的な崩壊が繰り延べられ、三〇年四月以降のアメリカ絹業の生産縮小により、同年六月になって糸価は暴落し、その結果三〇年春蚕・

夏秋蚕の繭価が大暴落を演じ、蚕糸恐慌は本格化する。こうして、遅れてやってきた蚕糸恐慌は逆に激甚を極めることになった。

しかし、やや長期的にみれば、一九二〇年代後半には、人造絹糸（人絹）の台頭、その価格低落を伴う生産拡大によって、アメリカの生糸輸入量が早くも停滞気味となり、それに中国糸との競争が加わって日本生糸の交易条件は悪化しつつあった。つまり技術革新による代替商品の登場によって生糸の過剰生産要因は成熟しつつあったのである。恐慌勃発後は、廉価な人絹生産が一段と拡大し、生糸は織物用から靴下用に販路を狭められ、アメリカの生糸輸入量は明確に減少傾向に転ずるのである。このような条件の下で、日本の蚕糸業は価格低落を輸出量増大によって補おうとして、恐慌勃発後も生産を縮小せず、むしろ微増させたため、構造的不況におちいることとなった。こうして三四年には、糸価・繭価が再び暴落するにいたる。ここに、日本蚕糸業の特質、すなわち中小資本が多く、糸価低落を賃金と繭価へ転嫁することによって生産を維持しようとする製糸業、零細農家の副業を主とし、繭価下落に生産拡大によって対抗しようとする養蚕業、両者のもつ特質を看取することができる。

さて、蚕糸恐慌による養蚕業の破綻と賃労働兼業収入の激減に加えて、三〇年一〇月には三〇年産米の豊作が明らかとなって米価が暴落し、農業恐慌が本格化した。米価の暴落は、たんなる豊作や工業部門の恐慌の波及によるだけでなく、米騒動以後推進された朝鮮および台湾における産米増殖政策の結果である植民地米移入の増大、とくに恐慌下植民地農民の飢餓輸出による移入の急増によって契機づけられていた。

農業恐慌は農家経済に壊滅的な打撃を与え、農村を窮乏のどん底におとしいれた。とくに東北地方では、三一年の凶作がそれに追打ちをかけ、「娘の身売り」が続出した。農家経済の窮迫は小作貧農層でもっとも深刻であったが、小作貧農層だけでなく自作・自小作中堅層、さらに耕作地主層にまで及んだ。上層に偏した「農家経済調査」の数字でも、農業所得と農外所得を合わせた農家所得から家計費と租税諸負担を差し引いた農家経済余剰は、三一年には全階層が赤字に転落した。農家負債の累積は、全国で約五〇億円（一戸平均約一〇〇〇円）に達し、滞納が続出して農村財政が窮迫し、吏員・教職員の給料さえ支払えない町村が続出するにいたる。こうして早くも三一年初頭には、「農村解体の危機」に直面し、農村救済の声が全国的に湧き起こるのである。

蚕糸恐慌と農業恐慌の深刻さと対比して、製糸業以外の工業部門では、価格下落とそれによる利潤率の低下は鋭かったが、生産量の縮小は軽微であり、とくに化学工業の一部には、化学肥料・化学繊維など、恐慌下に生産量を増加させた分野もみられた。重化学工業の生産額の縮小をリードした金属工業と機械器具工業では、分野間に差異はあるが、概して需要の激減を輸入の防遏によってカバーし、恐慌下で自給率を増大させているのである。

(2)　満州事変の勃発

昭和恐慌の展開過程で注目すべきことは、恐慌がほぼその底に達する三一年九月に、満州事変の勃発とイギリスの金本位制停止という二つの国際的事件が相ついで起きたことである。

三一年九月一八日の満州事変の勃発（中国への軍事侵略の開始）は、それが恐慌下に引き起こされためため、しばしば、日本は恐慌からの脱出の道を中国への軍事侵略に求めたと理解されているが、そして、たしかに満州事変を引き起こした関東軍参謀石原莞爾らの満蒙領有計画の中にそうした考えがふくまれてはいたが、恐慌と満州事変の関係はそう単純ではない。

周知のように満州事変は、満蒙領有計画を進めていた関東軍の謀略（自ら奉天郊外の柳条湖で満鉄路線を爆破して、これを中国軍の仕業だとした柳条湖事件）によって引き起こされ、軍中央がそれを容認したため拡大したものである。事件勃発に際して、対米英協調外交（幣原外交）と金解禁＝緊縮財政政策（井上財政）を進める民政党内閣は、事件の不拡大方針を決定した。それは、その前の田中義一内閣が、二七―二八年、中国国民党による国家統一運動（北伐）に対抗して三度にわたり山東出兵を強行し、また関東軍参謀河本大作による張作霖爆殺事件を容認したこと、さらに、張学良による東三省の「易幟」の実現、国民政府（蔣介石政権）による中国統一と関東自主権の樹立を、米英列国が相次いで公認する中でも公認せずに、日本外交が孤立したのとは異なっていた。軍中央も、関東軍の行動を是認しながらも、列国の干渉を懸念して関東軍の満蒙軍事占領方針には反対した（そのため関東軍の満蒙領有計画も、その後「満州国」建設方針へと変っていった）。事件勃発時には、政府・軍中央とも、恐慌脱出のための方策も満蒙問題の解決方策も未確定であったのである。

そうした中で満州では、世界恐慌による大豆輸出（輸送）の減退および石炭収入の低下と中ソ紛争の解決による東支鉄道の機能回復（東北交通委員会による競争線＝「満鉄包囲網」の建設も進められた）とによって、満鉄経営が悪化し、在満日本人諸階層は恐慌の打撃と反日運動の高揚に挟撃されて急速に危機意識を強め、「満蒙の危機」が叫ばれてくる。国内では、前述したように三〇年末―三一年初めには農業恐慌が本格化し、農村救済の声が湧き起こってくるが、農村救済を満蒙侵略に結びつける考えは、なお一部の軍部や右翼に限られ、世論とはならなかった。その両者が積極的に結びついて世論が高揚するのは、満州事変が引き起こされた後、農村の危機が一層深刻化する状況の中で、軍部の主導の下に「満蒙の危機」の一大キャンペーンがくりひろげられる中においてである。

当初不拡大方針をとった政府首脳も、こうした世論の高揚の中で、事件拡大を抑える力がなく、それを黙認せざるをえなくなった。また、日本工業倶楽部や日本経済連盟に結集する財界首脳も、満蒙問題の根本解決を唱えて政府に圧力をかけた。こうして、軍部主導によって打ち出された恐慌脱出の方向が、その後の恐慌対策をリードしていくこととなった。その方向が明確に政府の統一的政策として確定するのは、若槻礼次郎民政党内閣の後の犬養毅政友会内閣（最後の政党内閣）が三二年五・一五事件によって倒れた後に成立した斎藤実内閣（挙国一致内閣）の下においてである。

(3) イギリス金本位制停止と井上財政

一九三一年九月二一日のイギリス（国際通貨ポンドの国）の金本位制停止は、五月のオーストリアのクレディト・アンシュタルトの破綻にはじまった中欧の金融恐慌が、七月にはダナート銀行の破綻からドイツ全土に広がり、それがイギリスに波及して余儀なくされたものである。もともと一九二〇年代のイギリスは、事実上価値の下落したポンドの旧平価での金本位復帰というデフレーション政策により景気が低迷し、二九年恐慌に先行する好況も弱々しいものであった。そのため、世界恐慌の波及による景気下落はそれほど激しいものでなかったが、その貿易収支の赤字を資本収支の黒字で補塡する国際収支の構造は、貿易収支の赤字が増大する中で、短資借り・長期投資という資本収支に支えられた不安定なものになっており、それがオーストリア・ドイツの金融恐慌によって短期資金の流入が停止したため金本位制の維持が不可能となったのである。イギリスに追随してスウェーデン・ノルウェー・デンマーク等の北欧諸国も金本位制を停止していった。

日本では、イギリスのように国際収支が短資流入に支えられることがなく、また、以前のように在外正貨が兌換準備とされることもなかったので、ヨーロッパの金融恐慌とイギリスの金本位制停止の直接的な影響は大きくなかった（ヨーロッパの金融恐慌がアメリカへ波及し、アメリカでの外資調達が困難となった面はあるが）。しかも、緊縮財政と産業合理化政策を進める井上財政の下で、貿易収支は縮小した形ではあるが均衡を達成しつつあり、三一年上期に正貨兌換が増大して正貨準備が急激に低下したとはいえ、なお金本位制維持が不可能とはなっていなかった。日本の金本位制に決定的な打撃を与えたのは、イギリスの金本位制停止を契機に内外銀行等（金融資本）によって猛烈な勢いで展開された、日本の金輸出再禁止を見越した「ドル思惑買い」であった。(注8)

これに対し政府・日銀・横浜正金は、ドル統制売り・正貨現送および日銀金利引上げで対抗し、年末の為替の「解《と》け合い」を期待したが、閣内不統一（安達内相辞任）により若槻内閣が総辞職し、次の犬養内閣（高橋是清蔵相）が成立と同時に金輸出を再禁止（同時に金兌換を停止）したため、いわゆる〝ドル合戦〟はドル買側（内外金融資本）の勝利に終った。

日本の金輸出再禁止・金本位制停止が、国際的な金本位制崩壊の一コマであったとはいえ、「ドル買い」による正貨危機が金本位制崩壊の直接的な契機となったところに、日本の通貨=信用制度の脆弱性と金融ブルジョアジーの寄生的性質が示されている。

三　恐慌脱出過程の特徴

(1)　工業部門の早期回復と高橋財政

恐慌脱出過程の第一の特徴は、世界恐慌が長期化する中で日本は、少なくとも工業部門に関する限り、例外的に早期に景気が回復することである。卸売物価指数でみると、恐慌突入期には日本も世界の主要資本主義諸国とほぼ同程度の激しい下落を示すが、アメリカが金輸出を禁止する三三年三月になお最低点と同水準に低迷していたのに対して、日本はすでに約二〇%反騰し、大恐慌による価格下落が軽微であったイギリス等よりも高い水準に回復している。また、工業生産指数でみても、他の諸国が三二年から三三年にかけて軒並み低落したのに対して、日本は三〇年初頭と三一年春とに小さな谷を記録したものの、二〇年代後半の水準を超えたまま三二年から上昇に転じている。

このような工業部門の国際的にみて早期の景気回復の要因について、高橋財政の評価と関連して見解が分かれるが、次の諸要因が複合的に絡んでいたとみるべきであろう。まず、その主導的要因は、通常指摘されているように、①満州事変以後の日銀引受国債発行による軍事費（満州事変費と軍備拡張費）支出を中心とする財政スペンディング（軍需インフレーションに連なる）と、②金輸出再禁止後の低為替政策と恐慌による賃金水準の低下を基礎とするソーシャル・ダンピングによる輸出拡大(欧米との貿易摩擦に連なる)であることは間違いない。それに、副次的要因として、③満州事変後の対満投資による対満輸出の拡大と、④時局匡救事業=農村救済土木事業による内需の拡大が絡んでいた。そして、これら諸要因が重なって民間重化学工業の投資拡大・生産拡大にまでいたったとみるべきである。

高橋蔵相自身は、軍事費支出の過度の増大と時局匡救事業による農村救済には消極的であり、赤字国債も公開市場操作による消化を考えていた。そのため、時局匡救事業はその継続が望まれていたにもかかわらず二年半で打ち切った。また、斎藤内閣の後の岡田啓介内閣期(三四年七月—三六年二月)に軍部の発言力が増大し、軍需インフレーションが懸念されると、高橋は国債発行による軍事費支出の抑制をはかり、軍部と対立するにいたるのである(二・二六事件への道)。

(2)　農業恐慌の長期化と時局匡救事業

工業部門の早期回復に対比して、農業恐慌は長期化した。農産物庭先価格(総合)でみれば、三一年に最低に落ち込んだ後徐々に回復するが、二九年水準まで回復するのは、日中戦争が本格化する三七年である。恐慌による農家経済の窮迫、とくに三四年の凶作で追打ちをかけられた東北地方の農村の窮乏は長く続いたが、そこには次のような特徴がみられた。

まず第一に、価格の回復において作物間にかなりの差があったことである。すなわち、米価が三四年に、麦価も三六年には二九年水準に回復するのに対して、繭価の回復は大幅に遅れ、三七年にいたっても二九年の七六％の水準にとどまっていた。注目すべきことは、米価および麦価の回復は、それぞれの国際市場の回復よりも早期だったことであり、そのため、農産物価格の回復が欧米ではなお恐慌前に比して八割台にとどまっていた三六—三七年に、日本は一〇割に達することである。

米価・麦価と繭価の回復の開差は、それぞれの世界市場との関連の差によるものであった。恐慌勃発時の米穀市場は、おおよそ内地米八五％、植民地米一〇％、外国米五％という構成であり、しかも内地米・植民地米と外国米とでは品質の差があったため、世界市場との関連が稀薄であった。恐慌による米価暴落後、まず外国米が輸入税の復活と輸入制限によって国内市場から締め出された。内地米・植民地米については、米穀法の改正と米穀統制法の制定（三三年三月）によって政府による大量の米買入れが行われ、しかも三四年産米（内地と朝鮮）が不作となったため、東南アジアの外国米市場価格が三四年以後も低迷する中で、米価が回復した。

小麦市場は、国内産小麦の自給率が六〇—七〇％で、世界市場との関連が比較的強かったが、為替相場の大幅低落と関税引上げにより国内産小麦の国際競争力が強化され、さらに三二年に小麦増殖五ヵ年計画が設定されて自給率が急速に高まった。三四年以後国内自給が達成され、同時に国内小麦価格が国際価格から乖離した形で回復している。

これに対し、養蚕・製糸については、滞貨生糸の共同保管に対する政府の損失補償や繭共同保管等のための応急資金の貸与といった応急対策だけでなく、桑園整理改植等助成金による繭生産調整や、蚕糸業組合法（三一年）・製糸業法（三二年）・原蚕種管理法（三四年）・輸出生糸取引法（三四年）・

産繭処理統制法（三六年）といった一連の統制法による恒久的対策が講じられた。しかし人造絹糸の台頭によるアメリカ生糸市場の縮小という構造的要因により低落した糸価・繭価は、円相場の下落にもかかわらず、容易に回復しなかった。

特徴の第二は、恐慌の打撃の強さにおいて農民階層間で格差がみられたことである。前述したように、恐慌による農家経済の窮迫は、小作貧農層だけでなく、自作・自小作中堅層、さらには耕作地主層にまで及んだが、小作貧農層でもっとも深刻であった。「農家経済調査」によれば、農家一戸当り農業所得は、「自作」・「小作」間の所得格差をふくみつつ全階層的に激落し、その底が全階層的には三四年まで、「小作」では三五年まで続いている。そのため、農業所得による家計費充足率は、家計費の極度の切りつめにもかかわらず、八割前後の水準に低落し、「自作」は三五年に一〇割に回復するが、「小作」は高額小作料の重圧のため三七年以降八―九割を回復するにとどまった。農外所得も激減し、農業所得と農外所得を合わせた農家所得から家計費と租税諸負担を差し引いた農家経済余剰は、三一年に全階層的に赤字に転落した後、「自作」「自小作」は三五―三六年に恐慌直前の水準に回復するが、「小作」は三六年まで恐慌直前の水準に遠く達しない低水準に停滞したのである。

こうして農業恐慌は、その内部に土地所有関係での鋭い階級対立（小作争議の激化）を内包しながら進行し、そのため、主に貧農層の労賃収入を補塡することを目的にして時局匡救事業＝救農土木事業が大規模に展開される。

時局匡救事業は、自治農民協議会を中心とする農村請願運動を背景にして開かれた三二年六月の救農臨時議会において、「満州国」承認決議が満場一致で可決されると同時に「時局匡救ノ為」臨時議会を開くことが決議され、その決議にそって同年八月時局匡救議会が開設され、時局匡救予算が成立して実行に移された。それは、三二（昭和七）年度から三四（同九）年度までの三ヵ年継続で、国費約六億円・地方費約二億円、合計約八億円の予算に、預金部資金約八億円の融資を加えて、総計約一六億円におよぶ一大事業として計画された。一般会計時局匡救実行予算の所管は各省にわたったが、その中心は内務・農林の二省で、両省とも救農土木事業が予算の八〇％以上を占めた。両者の救農土木事業には、直営事業と府県事業補助・市町村事業補助があったが、その大部分は地方団体とくに市町村の補助事業であった。その補助事業には国庫補助率を引き上げ（とくに市町村には四分の三まで引上げ）、地方団体の起債制限を撤廃して預金部から多額の融資をし、さらに必要に応じて利子補給をすることとした。この措置によって、全国ほとんどの市町村で救農土木事業が実施された。しかし救農土木事業は、その継続が強く望まれたにもかかわらず、軍事費増大による財政難のため、計画どおり二年半で打ち切られ（三四年に大凶作にあった東北地方については、凶作対策事業として持続されるが）、かわって、「自力更生」の名の下に全農民層の組織化をはかる農山漁村経済更生運動（以下、農村経済更生運動と略称）が展開されていくのである。

(3)　農村経済更生運動の展開（と満州移民）

恐慌で窮乏した農村の再生をはかる農村経済更生運動は、前に述べた三二年の時局匡救議会で農村経済更生施設予算が成立し、農林省に経済更生部が設置され、農山漁村経済更生計画助成規則（三二年一〇月）が制定されて発足した。一般的な計画・方針を決定する経済更生中央委員会の下に、各道府県経済更生委員会がおかれ、それが町村の更生運動を監督・指導した。実際の更生計画は町村長を長とする町村経済更生委員会でたてられた。その計画を実施する機関が、経済面については産業組合と農会、生活・精神面については小学校（長）と在郷軍人会・青年団・婦人会等の教化団体である。経済面のうち、産業組合は主として金融・流通面を担当し、農会はさらにその末端実行機関として部落ごとの農事実行組合または農家小組合を組織し、それを通じて農業全般にわたる事業の実行にあたった。そのために産業組合法と農会法が改正され、産業組合拡充五ヵ年計画が樹立された。

経済更生計画の内容は町村によって異なるが、その概要の項目は、県の指導要綱にもとづいてたてられたため、ほぼ共通していた。すなわち、福島県の場合についてみると、①指導機関である農会・農事実行組合の充実、②主要農産物とくに食糧の増産、③養蚕・桑園の改良、有畜農業の奨励、自給肥料の増殖など、農業経営の改善、④産業組合の四種兼営への拡充による購買・販売の共同と金融の円滑化、⑤時間励行、交際の簡素化、冗費の節約など、農家生活の改善による家計費の節減、⑥教育・教化施設の拡充による更生精神・公民精神の振興、これらがほぼ共通の項目であった。他に、負債整理事業や区画整理＝耕地改良事業を更生計画にふくめた村や、隣保館・集会所などの社会施設や医療保健施設の設置を計画した村もあった。

福島県の更生指導で注目されることは、一般的な指定村のほかに、経済更生と同時に精神更生（国民精神の作興）をはかる特別教化村が設置されたことと、三四年の東北凶作に際し天皇から下賜された「御内帑金《ごないど》」と国庫補助金を合わせて交付して郷倉の設置を奨励したこと、東北凶作に際し三井・三菱両会社が財閥批判をさけるために東北各県に提供した義捐金によって各村に共同作業場が設置されたことである。

この運動の最大の特徴は、農村の「自力更生」が強調され、国からの財政的助成がきわめて少なかったことである。しかも助成金は、更生事業そのものよりも、更生運動を担う委員会の設置や計画の樹立のための費用にむけられた。当初の経済更生計画では、毎年一〇〇〇町村ずつ指定して五年間に五〇〇〇町村を更生計画指定町村とすることを目標としたが、その後一二年間に一万二〇〇〇の全町村を指定するように計画が拡大された。一九四〇年までに全町村の約八〇％が指定され、四二年までにほとんどすべての町村が指定町村となった。

その過程で政府は、特別な優良村をのぞけば実際の効果の少なかった総花的指定を反省し、一九三六（昭和一一）年度から重点的な選別助成を行う特別助成村の指定を計画し、四一年度までに一五九五ヵ町村が特別指定村となった。特別助成村に指定されるためには、村民の一致協力、指導的中心人物の存在、計画実行の見通しがあることなど、きびしい条件があったが、指定された町村には、農業生産基盤の整備や共同施設の設置に対し二分の一以上の助成金が交付され、また借入金の利子補給もなされた。このため特別助成村では、農道・水利施設の拡充や農業生産の増大などの具体的な成果があらわれた。しかし、特別助成村はごく一部に限られ、一般には経済効果は少なかった。むしろ産業組合・農会・農事実行組合を通じた農家の組織化と、教化団体を通じた農民の精神的統合をはかり、戦時総動員体制の地ならしをしていった点に、この運動の特徴があった。

経済更生運動と並行して、恐慌の影響の大きかった東日本の農村を中心に、農村救済と同時に満州の永久占領の意図をも合わせもった満州移民政策が計画された。政府は一九三三（昭和八）年七月、満州移民計画大綱を発表し、満州移住協会をつくり、新京に満州拓殖会社を設立した。それに先だって三二年一〇月に先遣隊として五〇〇人弱の武装移民団を渡満させているが、この最初の武装移民団は、ほとんど東日本出身者で構成され、中国三江省樺川県佳木斯《ジャムス》の永豊鎮に入り、「弥栄《イヤサカ》村」をつくった。その後三三年から三四年にかけて武装移民団が入植している。一般開拓農民は、三四年以降四四年まで、それぞれ郡（郷）や町村を単位に開拓団を結成して入植し、開拓地に自らの出身地の郡（郷）や町村の名称をつけている。開拓農民には、宅地・耕地および採草地が与えられただけでなく、政府の補助金と満州拓殖公社の低利融資も支給されるという有利な条件であったため、多くの農村で政府の政策に応じて移民を計画した。一般開拓農民のほかに、半農開拓民として満鉄を警備する鉄道自警村開拓民、軍補給廠勤務を兼ねる農工開拓民・林業開拓民・商工鉱開拓民などもいた。また、商工業者が転業した大陸帰農開拓民や開拓女塾（花嫁学校）の移民も行われた。

一九三八年から満蒙開拓青少年義勇軍の派遣が開始された。それは、選抜された一四歳から一八歳までの青少年が、満州移住協会が経営する茨城県内原訓練所で三ヵ月間軍事と農業の訓練を受け、さらに渡満後現地訓練所で三ヵ年軍事・農耕・建築に従事し、のちソ満国境に近い所に入植するものである。

青少年義勇軍はもちろん一般開拓民も、成年男子は敗戦直近には「国土防衛隊」に編入され、参戦したソ連軍と交戦して、その多くが戦犯あるいは捕虜としてシベリアに抑留された。戦争の混乱の中で家族ばらばらとなり、中国人に養育された子供たちは、いわゆる「中国残留孤児」となるが、その多くは開拓民の子供たちであった。

第二節　昭和恐慌と日本資本主義の構造変化

昭和恐慌・満州事変を画期として日本資本主義は構造的な変化をとげていった。ここでは、貿易＝国際収支構造の変化、産業構造の重化学工業化と労資関係の再編、独占＝金融資本の制覇と国家の役割、資本主義と地主制の関連の変化の四点にわたって、どのように、どの程度構造的な変化をとげたのかを明らかにし、あわせて、この時期に明らかになる日本資本主義の現代資本主義（いわゆる国家独占資本主義）への段階的移行の特徴を明らかにしておこう。

一　貿易＝国際収支構造の変化

世界的な長期不況の中で、日本は例外的に、少なくとも工業面では早期に恐慌から脱出したが、それを支えた一つの重要な要因は、世界の中でも例外的な貿易とくに輸出回復の早さであった。この貿易の回復の過程で、日本の貿易構造は大きく転換した。もっとも注目すべき変化は、①恐慌前に最大の出超であった対アメリカ合衆国貿易が、生糸輸出の激減と綿花・石油・鉄類・機械類の輸入増大によって巨額の入超へ転化したこと、②対中国貿易の黒字が減少する中で、「満州」を中心とするアジア市場への金属・機械類の輸出と、市場を東南アジア・アフリカ・中南米へ拡大した綿布輸出とが増大したこと、③それが対ヨーロッパ貿易の赤字の減少（対イギリス貿易は黒字に転化）とあいまって、全体として入超幅が縮小したことである。それは、資本主義確立期に形成された世界貿易体系の中における日本の貿易構造が、第一次大戦後一九二〇年代に段階的に変容をとげた、その大恐慌後の到達点であった（前掲表9）。

しかし、金属・機械類の対「満州」輸出の増大は、満州事変後の満州開発＝対満投資によるもので、中国侵略の進展と親和的であった。また東南アジア等への綿布輸出の拡大は、在華紡の成長と国民革命の進展により減少した対中国輸出に代るものであるが、欧米帝国主義諸国の植民地圏への新たな進出であり、これも対外緊張を増幅するものであった。そして、対米貿易における石油・鉄類・機械類の輸入増大は、重化学工業を軸とする景気回復がアメリカ合衆国への依存を強めるものであったことを意味していた。

もっとも重要な問題は、「満州」を新たに円貨決済圏に組み入れたことによって、輸移出がとくに急増した「満州」・朝鮮・台湾の円貨決済圏を除くと、すなわち、外貨＝正貨決済圏においては、赤字幅が依然として大きいことであり、かかる赤字の累積が国際収支の危機を招き、いち早く貿易管理・外為管理が開始されたことである。円ブロックの形成が日本の国際収支を不可避的に外貨危機へ追い込んでいくという、一九三七年以後日中戦争の進展とともに深刻化する国際収支構造の矛盾は、すでに景気回復=満州事変期に形成されていたのである。

このことは、次にみる一九三〇年代の重化学工業化の対外的限界を示すものであった。当該期の重化学工業は、「合理化」と低為替・保護関税に支えられてようやく国内自給をほぼ達成したにとどまった。重化学工業製品の輸移出はほぼ植民地輸移出に限られ、大型・高級機械は先進国からの輸入に依存していた。対先進国との水平分業関係をもちうる段階には達していなかったのである。

二　重化学工業化と労資関係の再編

一九三一年一二月の金輸出再禁止以降、とくに三二年七月の関税改正以降、重化学工業部門の生産回復は急速なテンポで進行し、三六年頃までに、製造業内部の生産額比率においても、従業員比率においても、重化学工業部門が軽工業部門を凌駕するにいたる。この三〇年代中葉の産業構造の重化学工業化については、その生産回復=拡大の要因についての認識とかかわって、極端に対立する二つの見解がある。その一つは、対外侵略と軍需インフレの軌道にのった軍事重化学工業化であるという見解であり、もう一つは、軍事スペンディングに大きく支えられることのない、民需を軸とした自立的な重工業の内部循環的生産拡大であるという見解である。われわれは、複眼的視角から、この時期の重化学工業化の複合的性格を実証的に明らかにしなければならない。

まず第一に、この重化学工業化は、一面で、低為替と保護関税に支えられた綿布・レーヨンを中心とする繊維製品の輸出拡大の波及効果と、重化学工業の国内市場掌握を契機とする内需拡大に基礎をおくと同時に、他面で、満州事変後の軍需と対満投資＝対満輸出の拡大に支えられたものであり、複合的要因に基づくものであったことである。両側面が複合的に絡み合って、重工業の内部循環的生産拡大までをもたらすにいたったとみられる。

しかし第二に、この重化学工業化の世界史的低位性＝限界に注意しなければならない。すなわち、量的には、重化学工業の比重は高まったとはいえ、なお軽工業をやっと凌駕するにいたっただけであり、多くの分野でようやく国内自給化が達成された程度にとどまること、質的には、その生産力は国際水準から一段階遅れ、大型・高級機械の輸入依存がなお続いていただけでなく、モータリゼーションと家庭電化と結びついた当時の重化学工業化の国際的水準には達していなかったことである。また、この時期に最大の伸びを示し、国内自給化を達成した製鋼業の、その原料をアメリカ屑鉄およびインド銑鉄（後には植民地銑鉄）に依存した発展が、「銑鋼アンバランス」を一段と拡大した点にみられるように、産業構造の対外依存的分断性が再生産されるという限界もみられた。

さらに注意すべきことは、この時期に重化学工業の労資関係が再編され、新たな労賃低下機構が形成されたことである。二〇年代後半の重化学工業の労資関係は、財閥独占体における工場委員会体制の定着、重工業国家セクター（軍工廠）における「原基的」交渉機構の形成、中小資本における労資対抗の拡大という三層構成をとっていた。ところが三〇年代には工場委員会体制は拡大しながらもその内実が大きく変化し、「産業報国会型の懇談会」へ変質していき、軍工廠の「原基的」交渉機構は、労働組合の国家主義・日本主義への転換が進むなかで、労働組合が禁止されて解体し、また中小資本における労資対抗も沈静していった。そして、このような二〇年代後半に形成された「協調的労資関係」の崩壊は、三五年を画期とする政府の労働政策の労資協調路線から、内務省官僚と軍部が一体となった「労資一体・産業報国」路線への転換によって推進されたものであった。

労資関係の再編と並行して、重化学工業大企業と中小零細企業との間にいわゆる下請制が成立してきて、それが大企業における臨時工制度の拡大とあいまって、二〇年代に形成されてきた労働市場の二重構造の新たな段階を画することとなった。

三　独占＝金融資本の制覇と国家の役割

大恐慌を画期とする日本資本主義の構造変化の中で重要なことは、二〇年代に国際競争圧力に対抗して進められた主要産業部門の独占組織（カルテル及びトラスト）が、大恐慌による内外条件の激動に対応して再編強化されると同時に、コンツェルン体制を整えつつあった財閥資本による金融的支配が強化されて、「金融寡頭制」ともいうべき独占＝金融資本の支配体制が完成されたことである。そして、その独占＝金融資本の制覇には、国家と国家資本が重要な役割を演じた。

独占組織の再編強化において注目されるのは、重要産業統制法（三一年四月公布）によるカルテル助成、工業組合法（三一年四月公布）による中小工業の組織化、独占的大企業の合同によるトラスト的大企業の成立、の三者である。

アウトサイダーに対する強制加入規定をもつ重要産業統制法に基づいて、恐慌で動揺したカルテルの統制力が強化され、あるいは重要産業部門でカルテルが結成され、その活動が、日本興業銀行の政策金融とあいまって、主要産業部門の恐慌からの脱出と「合理化」に大きな役割を果たした。各産業部門について同法の指定・運用の実態を解明した最近の研究では、そのカルテル助成の役割には限界があり、その効果が顕著であったのは中小企業の多い部門であったことが明らかにされている。また、同法が独占組織の強化という面だけでなく、「公益」のためのカルテル規制、すなわち独占の弊害の抑制という面をもっていたことも明らかにされている。しかし、同法によるカルテル助成が、次の企業合同によるトラスト的大企業の成立とあいまって、独占資本の支配体制の安定化をもたらしたこと、またその独占対策は、第二次大戦後の「独占禁止法」による反独占政策とは明らかに異なる、「独占の自由」を基本とするものであったこと、「公益」規定のいち早い登場は、すでに独占体制の進んだ段階での官僚主導型の政策決定という日本的特質を示すものであったことを忘れてはならない。

重要輸出品工業組合法（二五年）に代って、その対象分野を拡大し、アウトサイダーに対する強制規定をもった工業組合法による中小工業の組織化は、各種の産業分野にわたったが、とくに綿織物を代表とする織物類、自転車、陶磁器、金属製品など、輸出産業部門において展開された。同法による工業組合の活動（製品検査、生産調整、共同購入・販売および金融など）は、国および府県の行政指導ならびに政策金融に支えられて、輸出中小工業の製品価格の安定、経営の改善、製品品質の向上をもたらし、三〇年代の輸出の拡大に大きな役割を果たした。独占資本の制覇が進むなかで、それからはずれた分野で中小資本の組織化が国家によって進められた点に、三〇年代の特徴がある。

企業合同は、恐慌前から、国際競争力の弱い日本の産業を合理化する方策として考えられてきたが、日本製鉄、王子製紙、三和銀行など、いずれも各業界の上位企業の合弁によってトラスト的大企業の成立をみた点に、三〇年代の企業合同の意義があった。その中でも、製鉄合同による日本製鉄株式会社の成立（三四年）は、官営製鉄所と財閥系製鉄五社の合併として画期的意味をもった。日本製鉄は、重要産業の基礎資材である鉄鋼を「低廉かつ豊富に」供給することを第一の課題としながら、軍事的要請にもこたえうる政府主導の国策会社として成立したのである。

第一次大戦後にコンツェルン組織を整えた財閥資本は、二〇年代を通じて、傘下企業の自律的な事業活動の展開に対応しながら、次第に持株会社としての性格を鮮明にしていった。そして、各分野のカルテル組織で支配的位置をしめる直系企業を持株を通じて統制すると同時に、本社の余裕資金を資本市場を通じて積極的に運用しはじめた。恐慌後の三〇年代に入ると、傘下企業の重化学工業部門への進出と高まった財閥批判の世論に対応して、その一部の「株式の公開」を開始し、資金調達面でも資本市場との関係を密接にしていった。財閥は、傘下企業への外部資金の調達をはかるとともに、その本社資金の金融資本的蓄積を活発化した。企業合同によるトラスト的大企業の成立は、それじたいの市場支配力を強化すると同時に、財閥本社に金融資本的な蓄積の機会を与えるものであった。財閥銀行を中心とする七大系統の有力金融機関は、共同して対満州投資に積極的に関与し、また、日本興業銀行と有力金融機関とが共同して協調融資を展開した。

こうした財閥資本と国家資本とが一体となった金融面での協同は、「金融寡頭制」とも呼ぶべき金融的支配の中枢を形成させ、金融面から独占体制を強化していった。こうして、重化学工業分野に進出するとともに国家資本と連係して独占＝金融資本として支配力を強化した財閥は、二・二六事件後の馬場財政下のむき出しの軍事経済化には抵抗してそれを転換させながらも、結城財政の「軍・財抱合」体制への道を歩んでいったのである。

四　資本主義と地主制の関連の変化

資本主義と地主制の関連の変化を、労働市場・資金市場・商品市場の三側面についてみると、いずれの側面においても、一九二〇年代に進行していた変化が、昭和恐慌を画期に明確化した。

もっとも明確な変化は、労働市場にみられる。最大の労働者数を擁した蚕糸業の昭和恐慌の打撃による後退、それと対照的な恐慌後の重化学工業の急速な発展によって、資本主義的労働市場における家計補充的「出稼ぎ型」賃労働の比重の低下が明確になった。最大の問題点は、これによって、「低賃銀と高率小作料の相互規定」関係という構造的連関が喪失したかどうか、ということである。

恐慌による工場労働者数の減少と労賃水準の低下、恐慌脱出によるそれらの回復、そのいずれにおいても男子労働者と女子労働者とで大きな格差があり、女子労働者においては恐慌脱出後も恐慌前の水準にもどらなかった。蚕糸業地帯に典型的に見られるように、恐慌による女子労働を中心とする「出稼ぎ型」賃労働の減少と農村就業機会・農家副業の減少とによって、農村過剰人口が堆積し、そのため、小作貧農の増加、いわゆる「中農標準化傾向」の「逆転」現象（自小作中堅層の分解）が生じ、また農工間賃金格差が拡大した。これらの現象は、恐慌脱出期の三〇年代半ばまでは解消されず、恐慌後の賃金水準を押し下げる要因となった。「出稼ぎ型」賃労働の比重の低下にもかかわらず、「低賃銀と高率小作料の相互規定」関係は、その機能場面を狭めながら存続したのである。

資金市場での「地租及び地代の資本転化」機能の比重の低下も、恐慌下でより明瞭となった。農村の租税公課負担に占める国税（主に地租）の比重、国税総額中に占める地租の比重は、一九二〇年代に急速に低下したが、恐慌はそれをさらに押し進めただけでなく、国庫から農村への各種の補助金が増大したため、「地租の資本転化」機能は極端に低下した。「地代の資本転化」については、大地主の土地所有の後退が全国化したことが重要である。すなわち、すでに二〇年代から「近畿型」地域の大地主を中心に、その土地所有の後退と証券投資家化（「地主のレントナー化」）が進んでいたが、農業恐慌の打撃と小作争議の拡大によって、「東北型」地域の大地主も、その土地収支が悪化したため土地所有を後退させるにいたった。それが地方資本の動揺とあいまって、地代の直接的な資本転化を衰退させ、全国的に大地主の証券投資家化が進むにいたった。しかしなお、地主的土地所有と村落秩序は、広範な在村中小地主と後進地域の寄生地主に支えられ、国家による直接的な農民の組織化の中で、存続したのである。

資金市場の変化で、もう一つ注目されるのは、郵便貯金を通ずる農村零細資金の大蔵省預金部への吸収が一段と進んだことである。金融恐慌後、とくに昭和恐慌後の地方銀行の衰退によって、郵便局は農村金融機構の中核となるにいたった。昭和恐慌下で半ば強制的に進められた農村の貯蓄運動によって郵便貯金が増大し、郵便局を通ずる農村零細資金の収集機能が一段と強化されるにいたる。もっとも、恐慌下では農村救済の政策金融が進められたため、預金部資金のうち「地方資金」として農村へ還流される額も多くなるが、やがて戦時期に入ると、「地方資金」に代って預金部資金の軍需部門への投資が増大し、郵便貯金が軍需資金収集機構へ転化することとなる。

商品市場においては、地主制下の零細農民が国家と独占資本の下に制縛されていく過程が進展した。代表的な商品化農産物である米と繭についてみると、まず米価は、三次にわたる米穀法改正と米穀統制法の制定（一九三三年）による外国米の輸入制限、内地米・植民地米の政府による大量買入れ、および三四・三五年産米の不作によって回復するが、この過程で、政府の米穀流通過程への介入が本格化した。たんに米価の投機的な季節変動を抑制して中間搾取を排除するだけでなく、内地米と植民地米を通じて米価を調節・維持する機構が成立したのである。糸価・繭価については、前述したように、滞貨生糸の共同保管に対する政府の損失補償や繭共同保管等のための応急資金の貸与といった応急対策だけでなく、桑園整理改植等助成金による繭生産調整や、蚕糸業組合法・製糸業法等の一連の統制法によって恒久的対策が講じられたが、構造的な過剰生産要因により低落した価格は、容易に回復しなかった。注目すべきことは、この過程において製糸資本の集中が進むと同時に、巨大製糸資本が養蚕農民を直接に支配する「特約制度」が普及したことである。

農家が購入する農業生産財の代表的な化学肥料についてみると、恐慌発生過程において肥料価格と農産物価格の下落に格差があり、いわゆるシェーレ現象がみられたが、それは化学肥料製造業においてカルテル組織が強化されたためであった。恐慌脱出期には、農産物価格も回復し、カルテルによる独占価格も抑えられたため、シェーレ現象が解消されるが、それは同時に、国家と独占資本による産業組合を通ずる農民の組織化の過程でもあった。

農業恐慌による農民の窮乏と小作争議の激化に対応して進められた農山漁村経済更生運動と産業組合拡充計画は、農会・農事実行組合と産業組合とを通じて下層農民をもふくむ全農民の組織化を推し進めたが、それは国家と独占資本の下へますます零細農民を制縛していく過程にほかならず、三七年以後の日中戦争本格化に伴う戦時動員体制を準備するものであった。

五　国家独占資本主義への移行

国家独占資本主義（「国家介入型」独占資本主義）への移行が、いつ、いかに行われたかという問題は、現代資本主義としての国家独占資本主義の本質およびその必然性の理解、日本の場合とくに、日本資本主義の戦前・戦時と戦後との連続性と断絶性の理解にかかわる重要な問題である。

世界史的にみて、第一次大戦時のヨーロッパ（とくにドイツとイギリス）の総力戦体制で端緒的に成立した国家独占資本主義は、一九二〇年恐慌とくに世界大恐慌を画期として主要資本主義諸国に一般化するにいたる。この主要資本主義諸国の国家独占資本主義への移行は、全般的危機への政治的対応として必然化したものであるが、その際注意すべきことは、大恐慌後はたんに国家が経済過程へ介入するだけでなく、管理通貨制度を軸として恐慌を克服・予防するという特有の形態をもつにいたったことである。また、国家の経済過程への介入には、①独占資本主義体制維持、②階級宥和政策、③軍事体制の相互に関連する三側面——それは現代資本主義国家論において指摘されている「介入主義国家」の三側面、①経済国家、②福祉国家、③軍事国家に対応する——があり、その三側面の重点が国により時期によって異なることである。

日本の国家独占資本主義への移行には、次のような特徴がみられた。まず国家の経済過程への介入の三側面についてみると、天皇制国家の絶対主義的性格と資本主義経済の軍事的・半封建的性格のために、軍事体制としての側面が先行し、階級宥和政策は極端に遅れ、独占体制維持の面では中間層（農民と中小商工業者）の組織化が重大な課題となることである。

それを歴史過程に即してみれば、第一次大戦期に国家独占資本主義の法的端緒が、一九一八年軍需工業動員法の制定（軍部による総力戦体制の構築の企図）として出現するが、一九二〇年代には、国際的なワシントン体制と国内的な政党内閣の下で、大正デモクラシー運動と労働者・農民運動の高揚に支えられて、総力戦体制の構築は進まなかった。階級宥和政策が一定の進展を示すが、労働組合法を欠如した労働争議調停法と小作立法を欠如した小作争議調停法の制定に端的に示されるように、とくに治安維持法による弾圧強化に示されるように、その階級宥和政策はワイマール体制からはほど遠いものであった。二〇年代に一定の展開を示す社会保障・社会福祉もミゼラブルなものにとどまった。そして、経済過程への行政的介入は、金輸出禁止・金本位制停止下での資本救済策を中心としていた。

昭和恐慌と満州事変の勃発後、とくに三二年五・一五事件後の斎藤・挙国一致内閣（高橋蔵相）の下で、金輸出再禁止・管理通貨制度の成立を前提にして、恐慌克服と満州事変遂行を双翼とした国家独占資本主義化がはじめて開始されることは、すでに前節にみたとおりである。そして、階級宥和政策はむしろ後退し、「産業報国」的労働政策への転換を開始した。救農政策も後退し、農村経済更生運動による農民の組織化が開始された。恐慌下に進展する社会保障・社会福祉政策は、間もなく軍事目的に従属した「厚生事業」へ転化していった。しかし、高橋財政下ではなお恐慌克服策と軍事経済化政策が並存したが、三六年二・二六事件後、国家独占資本主義への移行が本格化した準戦時期には、軍事経済化が基軸的位置を占めるにいたった。日本の国家独占資本主義への移行は、戦時国家独占資本主義へ帰結せざるをえなかったのである。

（注8）**「ドル買い」について**

内外銀行等によって猛烈な勢いで展開された「ドル思惑買い」については、大島清『日本恐慌史論』下巻（東京大学出版会、一九五五年）に、ドル買額の一覧表が載っている。それは『時事新報』一九三二年三月二四日の報道によるものであるが、イギリスの金本位制停止を契機に、内外銀行等が日本の金輸出再禁止を見越して行った「ドル思惑買い」額として通説化してきた。

これに対し中村政則は、『昭和の歴史② 昭和の恐慌』（小学館、一九八二年）において「ドル買いの真相」を検討し、「これまで池田成彬の『財界回顧』の証言を鵜呑みにして、ドル買いを三井銀行の自衛措置とみなすのが通例であったが、この点は再考の余地がある」として、経営上の必要以上に積極的に「ドル思惑買い」を行ったという大島清の通説を補完する見解を提出している。

事実、三井銀行等の損益計算書を子細に検討すると、いずれも過大な「有価証券価額償却」「外国為替売買損」を計上しており、粉飾決算を行った痕跡がみとめられるのである。「浅井良夫の教示によると、三井銀行では、三一年下期に一二〇〇余万円の損失を計上したかわりに、翌三二年上期には、外国為替特別利益として、二二二〇余万円の利益をあげている。差し引き約一〇〇〇万円の利益があったわけだが、三井銀行は一時にこれを利益に組み入れることはせずに、一部を為替先物準備に組み入れ、以後、決算ごとにこの留保利益の若干ずつを組み戻して、損益計算に振替え、調節することとしたという。社会的なドル買い非難をかわすためであった」。三井銀行は、右のような帳簿上の操作を行って、損失だけを公表し、利益を秘匿したのであった。

その後山崎広明が、「『ドル買い』と横浜正金銀行」(山口和雄・加藤俊彦編『両大戦間の横浜正金銀行』日本経営史研究所、一九八八年、所収)において、横浜正金銀行の内部資料によって正確な金額を明らかにしたが、それは、大島が依拠した『時事新報』の報道の金額がほぼ正確であったことを示すものであった。この論文において山崎は、池田成彬が『財界回顧』で述べている弁明「三井銀行弗買事情」の内容を、もう少し立ち入って分析し、池田が「思惑的性質」のドル買いをしたのではないと弁明しているのは、一九三一年九月のイギリス金本位制停止までに三井銀行で行ったポンド投資の後始末のためのドル買いのことであって、その限りでは池田の言うとおり三井銀行の経営上の必要に基づくものだと言ってよいが、実は、それ以外にも三井銀行はドル買いを試みて受渡しを繰り延べた結果、かなりの為替差益を得ていたと推定している。山崎説も「大筋において中村・浅井説に近い」と言ってよいが、中村・浅井が三井銀行が帳簿上の操作を行って利益を秘匿したことを批判する観点に立っているのに対して、山崎は、ドル買いの正確な金額を確認することにとどまっている点に両者の差異がみられる。

別表は、山崎が明らかにした、イギリス金本位制の停止前から停止後にかけての上位二〇企業であるが、その顔ぶれは大きくは変らない中で、トップのナショナル・シティの割合が四〇・二%から三二・七%へ低下したこと、三井銀行・三井物産・東洋棉花といった三井系企業の地位およびシェアが急上昇していることが際立っている。三井銀行は七位(三・四%)から二位(一一・六%)へ、三井物産は八位(三・三%)から四位(七・五%)へ、東洋棉花は二一位以下

（〇％）から八位（一・二％）へと変化し、このほかに三井信託が両期とも一二位で一・八％を占めていたので、これらの三井系企業合計でみると、シェアが八・五％から二三・一％へと実に一四・六％も上昇しているのである。これに対して、前の時期に三井銀行や三井物産の上位に位置していた三菱・住友・朝鮮の各銀行のシェアはそれぞれ低下し、住友は三位、三菱は五位、朝鮮は七位となっている。

別表　イギリス金本位制の停止前から停止後にかけての「ドル買い」の大口買手の20企業　（千円・％）

順位	1930.8 ～ 1931.8		順位	1931.9 ～ 1932.3	
	企業名	金額		企業名	金額
①	ナショナル・シティ銀行	142,510 (40.2)	①	ナショナル・シティ銀行	130,642 (32.7)
②	三菱銀行	34,300 (9.7)	②	三井銀行	46,550 (11.6)
③	住友銀行	33,000 (9.3)	③	住友銀行	31,700 (7.9)
④	香港上海銀行	21,450 (6.1)	④	三井物産	30,054 (7.5)
⑤	朝鮮銀行	18,700 (5.3)	⑤	三菱銀行	19,550 (4.9)
⑥	Netherland Trading Society	15,085 (4.3)	⑥	香港上海銀行	19,200 (4.8)
⑦	三井銀行	12,200 (3.4)	⑦	朝鮮銀行	15,430 (3.9)
⑧	三井物産	11,731 (3.3)	⑧	東洋棉花	8,888 (2.2)
⑨	チャータード銀行	8,700 (2.5)	⑨	チャータード銀行	8,700 (2.2)
⑩	野村証券	6,399 (1.8)	⑩	台湾銀行	8,250 (2.1)
⑪	Handels Bank	6,350	⑪	野村証券	8,140
⑫	三井信託	6,300 (1.8)	⑫	三井信託	7,000 (1.8)
⑬	台湾銀行	4,700	⑬	Handels Bank	6,380
⑭	川崎第百銀行	4,700	⑭	川崎第百銀行	5,800
⑮	第一銀行	2,800	⑮	Netherland Trading Society	5,690
⑯	大同電力	2,280	⑯	日瑞貿易	5,676
⑰	独逸染料	2,090	⑰	東京電気	4,000
⑱	東京電気	2,000	⑱	International Acceptance Bank	3,750
⑲	東洋拓殖	1,910	⑲	大同電力	3,540
⑳	東邦電力	1,900	⑳	チェース・ナショナル銀行	3,000
	その他共合計	354,420		その他共合計	399,995

山崎広明「『ドル買い』と横浜正金銀行」より．

第六章　第二次世界大戦と日本資本主義の崩壊・再建

厚木飛行場に降り立つマッカーサー元帥
（1945年8月31日，毎日新聞社提供）

第一節　アジア・太平洋戦争の過程

一　日中全面戦争

一九三七（昭和一二）年七月七日、北京郊外の盧溝橋付近で、日本の支那駐屯軍と中国国民政府の部隊との間に衝突が起こった。いわゆる盧溝橋事件の発生である。もともと三一年三月の「満州国」建設後、とくに三三年三月国際連盟脱退後、日本軍は華北分離工作を開始し、熱河・河北省へ侵攻して、塘沽《タンクー》停戦協定（三三年五月）で支那駐屯軍の派遣を認めさせ、華北進出工作を契機に日中間の緊張は高まっていたのである。盧溝橋事件が発生するや、日本軍は「暴支膺懲」を掲げて北支侵略を開始し、それが上海事件を機に上海にも飛火して、全面戦争へと拡大していった。

日本は二四個師団六〇万の大軍を投入して、上海・南京・広東・武漢三鎮といった主要都市を占領し、三八年、近衛文麿内閣は「爾後国民政府を対手とせず」との声明を発し、戦争目的を「東亜新秩序」建設に切り変えたが、中国は、国共合作により抗日民族統一戦線を結成し、蔣介石政府は重慶に立てこもって徹底抗戦し、戦争は泥沼におちいったのである。

日中戦争が長期化するなか、一九三九年九月、ヨーロッパでドイツ軍がポーランドに侵攻し、第二次世界大戦が開始された。その頃、日本の中国侵略に反対する米英との対立が高まっていたが、ドイツ軍の西部戦線での電撃作戦が勝利したのをみた日本は、独伊と協力して、それぞれの欧亜における支配権を確保するために、日独伊三国同盟を締結するにいたった（四〇年九月）。しかし、三国同盟の締結は米英との対立を一層激化させたため、四一年四月、アメリカと対立を調整するための日米交渉（野村吉三郎駐米大使とハル国務長官との会談）を開始することとなった。アメリカはこの交渉で、日本の三国同盟からの離脱と中国大陸からの全面撤兵を要求して譲らず、さらに四一年七月、日本軍が南部仏印（南ベトナム）に進駐すると、日本の在外資産凍結、石油の対日全面禁輸という強硬措置をもってこたえ、ついに日米交渉は決裂するにいたった（四一年一一月）。

二　太平洋戦争

日米交渉が決裂すると、日本政府は、対米早期開戦を主張する軍部の意見に従って、四一年一一月五日の御前会議で一二月上旬開戦を決定し、それに基づいて一二月八日、日本軍はハワイ真珠湾攻撃とマレー半島上陸作戦によって対米英戦争の火蓋を切ったのである。真珠湾攻撃についで、一二月一〇日のマレー沖海戦でイギリス東洋艦隊主力を壊滅させ、この間航空基地に対する先制攻撃を成功させて制空・制海権を確保した日本軍は、一九四二年三月までに、ビルマ南部からフィリピン・インドネシアにいたる東南アジアの大部分を占領し、さらに一部支隊は赤道をこえて、ビスマルク諸島およびニューギニア東北部にまで進出していた。こうした日本軍の第二段作戦の勝利は、主として、米英側がドイツ打倒を第一目標とし、太平洋方面では最初は守勢にまわるという方針をとっていたことによるものであった。

もともと、開戦初頭に米英に大打撃を与え、米英がその打撃を回復して本格的反攻を始めるまでの間に、東南アジアの資源による長期自給・防衛の体制をつくろうというのが、日本の戦争計画の柱であった。ところが、緒戦の予想以上の勝利が、積極的進攻から自給・防衛体制づくりへと戦争指導の重点を移しかえることを困難にした。戦局を楽観的に判断した軍部は、米英の反攻の前にさらに戦果を拡大するため、北はアリューシャンから南はミッドウェーにまで防衛線を拡大する作戦を実行に移したのである。

しかし、この第二段作戦で、日本軍は早くも強力なアメリカ軍の反撃に直面することとなった。四二年五月のニューギニア東南部上陸をめざす日本軍とアメリカ軍との空母搭載機だけによる初の海戦（珊瑚海海戦）では、戦果は互角であったが、日本軍の上陸作戦が中止された。翌六月のミッドウェー攻略作戦では、強力なアメリカ空軍の迎撃をうけ、連合艦隊がミッドウェー海戦で空母四隻を失うという壊滅的大打撃をうけ、以後、日本軍は制空・制海権を失って戦局が不利におちいった。

八月に入ると、日本軍が航空基地建設を進めていたソロモン諸島のガダルカナル島への米軍の反攻が始まった。予想外の大部隊である米上陸部隊に対抗するため日本側は次々と増援部隊を投入したが、輸送船団は大損害をうけ、陸上部隊は飢餓状態でジャングルの中を逃げまわった。翌四三年二月に日本軍はようやくガダルカナル島から撤退するが、この半年に及ぶガダルカナル攻防戦で、多くの軍艦・船舶・航空機を失い、以後、戦局の主導権は完全にアメリカ側に帰し、日本は敗戦への道をひた走ることになる。

米軍の進攻は軍事的要点を次々と占領する形で進められたが、四四年六月にはマリアナ諸島沖海戦で日本の空母・航空機は壊滅的打撃をうけ、絶対国防圏とされたサイパン島が陥落（七月日本軍玉砕）し、アメリカ空軍による本土空襲の基地が建設される。同年一〇月のレイテ島（比島沖）海戦では、日本は戦艦武蔵を失う打撃をうけ、米軍はフィリピンに上陸する。さらに四五年三月、米軍はサイパンからの東京空襲の中継基地を建設するため、硫黄島に上陸し、日本軍は玉砕する。そして同年四月、米軍は沖縄本土に上陸して沖縄を占領する（六月日本守備隊は玉砕）にいたる。

ガダルカナル島攻防戦と同じ頃、ヨーロッパでもソ連軍がスターリン攻防戦で独軍に勝利し、戦局の主導権は連合国側に移っていった。四三年九月には、反ムッソリーニ・クーデタで成立したバドリオ政権が降伏し、四四年六月に北フランスに上陸した米英軍は、八月にはパリを回復し、東部戦線でも西からの米英軍と東からのソ連軍の進撃が続き、ついに四五年五月、ヒットラー・ドイツが降伏するにいたるのである。

三　敗戦・戦後改革

一九四五年五月ドイツ降伏後、日本の政治指導者の間にも和平を求める動きが具体化し、六月には、中立関係にあるソ連に和平のあっせんを依頼するという方針が決められた。しかし、すでに連合国の一員として戦争を遂行してきたソ連は、対日戦のためにはソ連の軍事力が必要だと考えるアメリカの要求に応じて、四五年二月のルーズヴェルト・チャーチル・スターリン三巨頭のヤルタ会談で、ドイツ降伏後二―三ヵ月後の対日参戦を約束しており、日本の依頼に応じようとはしなかった。

七月には、ベルリン郊外のポツダムで、トルーマン・チャーチル・スターリンが、欧州の戦後処理と対日戦終結方策を討議し、七月二六日、米英中三国の名で、日本に無条件降伏を勧告し、終戦の条件として、軍国主義の絶滅、領土制限、民主化促進などを列挙したポツダム宣言を発表した。八月八日ソ連は対日宣戦を通告し、翌日よりソ連軍がソ満国境を越えて満州に侵攻し、八月六日・九日には広島・長崎に原爆が投下され、ついに八月一四日の御前会議で、「国体護持」の一条件だけを付してポツダム宣言を受諾することを決定し、この決定が、翌一五日正午、天皇自身の声でラジオで国民に告げられた（玉音放送）。

国民の多くは、玉音放送を屈辱感と虚脱感、そしていささかの安堵感をもって聴いた。「大気は八月の真昼の炎暑に燃え、耕地も山も無限の熱気につつまれている。が、村じゅうは、物音一つしなかった。寂として声なし。……八月十五日の正午から午後一時まで、日本じゅうが森閑として声をのんでいる間に、歴史はその巨大な頁を音もなくめくったのであった」。この時福島県安積野《あさかの》（郡山市開成山）に住んでいた宮本百合子は、作品『播州平野』にこう書いている。

アメリカ占領軍の本土進駐は、降伏二週間後の八月下旬にはじまった。予想に反し日本軍はごく一部を除いて反抗せず、国民は進駐軍を冷静に見守った。そして九月二日、東京湾内のアメリカ軍艦ミズーリ号上で、日本政府および軍代表が降伏文書に署名して、アジア・太平洋戦争は終った。

連合国軍は日本本土には軍政をしかず、マッカーサー元帥を最高司令官とする連合国軍最高司令官総司令部（GHQ）の指令・勧告に基づいて、日本政府が非軍事化・民主化政策を実行する間接統治の方法がとられた。そして各府県には軍政部が設けられ、その政策の実行を監視した。占領政策決定の最高機関として極東委員会が、また最高司令官の諮問機関として対日理事会が設けられたが、占領軍はほとんどアメリカ軍からなり、事実上アメリカ軍の単独占領となった。こうして、アメリカ占領軍の主導の下に新憲法制定、財閥解体、農地改革、労働改革等の民主変革が進められ、明治維新から四分の三世紀つづいてきた軍事的・半封建的日本資本主義は、その一生涯を終えたのである。

第二節　戦時統制経済の展開と特徴

一　準戦時体制から戦時体制へ

すでに日中戦争開始前に総力戦体制構築のための生産力拡充計画が成立し、また外貨危機を契機に輸入貿易管理から経済統制が開始されていた。すなわち、満州事変を契機に台頭した軍部の総力戦体制構築の構想は、ひとまず満州に限って「満州開発五ヵ年計画」として実行に移されていたが、一九三六年二・二六事件以後支配体制のファッショ的再編が進む中で、三七年初頭「軍財抱合」の成立によって政府・財界首脳の公認を得、同年六月成立した近衛文麿内閣の下で「財政経済三原則」として実現するにいたった。経済統制はこれより前、三六年末の国際収支危機を契機に輸入貿易管理の面から開始されていたが、それをうけつぎ、「財政経済三原則」でも、中心となる「生産力の拡充」と並んで「国際収支の均衡」と「物資需給の調整」が強調された。ここに日本資本主義の対外依存性が示されている。生産力拡充計画は、大戦にそなえて新たな生産力体系を創出するため、内地と植民地とをふくめて、国家の統制下に軍需産業とその基礎資材産業の開発をはかろうとするもので、計画の実現のためには経済統制の実施が不可欠であった。

こうして、三七年七月日中戦争が勃発するや直ちに、まだ長期戦化の見通しが定まらないうちに、軍需工業動員法の発動とともに臨時資金調整法と輸出入品等臨時措置法が制定され、経済統制が本格的に開始されたのである。

翌三八年四月には、「国ノ全力ヲ最モ有効ニ発揮セシムル様人的及物的資源ヲ統制運用スル」国家総動員法が制定・公布され、その後戦争の進展につれて、総動員法をテコに統制が経済のあらゆる分野におよんでいった。しかしその過程は直線的な統制の強化の過程であったのではなく、そこには時期的な変化と特徴があった。

二　戦時統制経済の展開

(1)　戦時統制開始期（一九三七年七月日中戦争勃発―三九年九月第二次世界大戦開始）

日中戦争が勃発し、臨時資金調整法・輸出入品等臨時措置法・臨時船舶管理法、さらに国家総動員法・電力管理法等がつぎつぎと制定されて、経済統制の基本法規が整備される時期である。ただし、国家総動員法による統制令の公布が本格的になるのは三九年秋以降で、この時期には輸出入品等臨時措置法による統制が中心をなしていた。三八年中に、重要輸出入物品である綿糸・揮発油・飼料・硫安・鉄鋼、さらに石炭・屑鉄にいち早く配給制が実施された。

三七年一〇月、戦時経済統制の中心機関として、企画庁と資源局を合体して企画院が設置される。企画院はまず物資動員計画の作成を開始し、物資動員計画による「物資需給の調整」が実行に移されるが、物資動員計画が本格化するのは三八年六月の改訂物資動員計画からであった。三九年五月―七月の昭和一四年度物資動員計画・貿易計画・交通電力動員実施計画・労務動員実施計画・資金統制計画の作成によって統制（計画）経済が全面化される。

民間企業への統制については、三八年五月、軍需工業動員法に基づいて工場事業場管理令が出され、また、三八年一一月より国家総動員法第十一条発動をめぐる軍部・革新官僚と財界との対立が起きるが、妥協が成立した。三九年四月になり会社利益配当の制限令が出されるが、実際の企業に対する統制は、従来からの事業法体制・カルテル的統制をひきついだ間接的な「自治的統制」にとどまった。

これに対比し、ようやく顕在化した労働力不足・賃金上昇に対処して、国家総動員法に基づいて従業員雇入制限令・賃金統制令（ともに三九年三月）、さらに国民徴用令（三九年七月）が出され、賃金統制と労働力動員が先行していった。

この時期は、国民総生産も鉱工業生産も比較的順調にのび（図4）、戦時経済への幻想を抱かせる時期であるが、その中でようやく民需品生産が頭打ちになり、生活関連物資の供給不足・物価騰貴も起きてくる。それに対処して、三八年七月物品販売価格取締規則による公定価格制が実施され、同年八月には米価統制も開始される。

(2) 戦時統制強化期（一九三九年九月第二次世界大戦開始—四一年七月アメリカの対日資産凍結）

欧州で第二次世界大戦がはじまり、日本では日中戦争の長期化が明白になって、物資不足によるインフレーションが懸念されるようになった。三九年一〇月価格等統制令・地代家賃統制令・賃金臨時措置令等（いわゆる九・一八物価等凍結令）を起点として価格統制が強化されるとともに、新体制運動の中から四〇年七月成立した第二次近衛内閣の下で、会社・銀行等の経営への国家の介入が開始され、また、国民徴用令改正により労働力動員が強化される時期である。

価格統制（公定価格設定）と生活物資の配給制は、四〇年四月設置された価格形成中央委員会の下で一般化された。企業に対する統制は、軍需品工場事業場検査令（三九年一〇月）でまず軍需工場への介入が強化され、さらに銀行等資金運用令・会社経理統制令（四〇年一〇月）によって会社・銀行一般の経営への介入が行われるようになった。四〇年一二月、財界の抵抗により表現は緩和されたが、企業理念を利潤追求から生産第一主義に転換する経済新体制確立要綱が閣議決定され、翌四一年三月国家総動員法が改正されて経済団体に対する規制と企業整備（転廃業）の強制が可能となり、経済全般にわたる統制＝総動員法制が完備する。ただ、それが現実に実行されるのは次の時期である。

第二次近衛内閣は、泥沼化した日中戦争打開のため南進政策を明確にし、四〇年九月、援蔣ルート

図4　国民総生産と鉱工業生産指数の推移

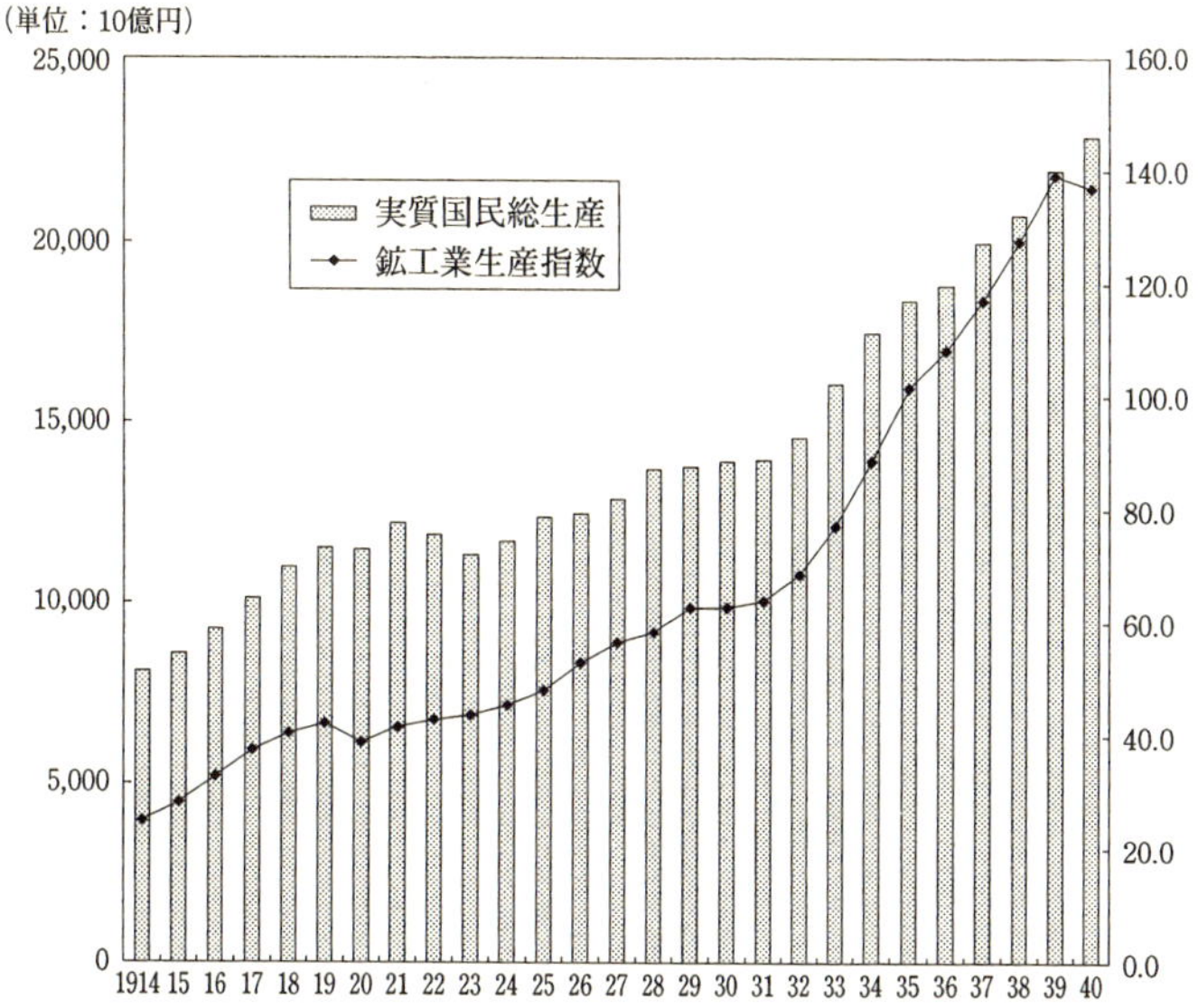

遮断のため北部仏印進駐を開始するとともに、日独伊三国同盟を締結し、米英との対立を深め、アメリカの対日禁輸（屑鉄・鉄鋼等）を生んでいき、それが戦争経済力の制約となった。国内では、四〇年一〇月、政党が解散して大政翼賛会が成立し、労働組合が解散して大日本産業報国会が創立された。また、すでに整備されてきた町内会・部落会等が大政翼賛会体制に包摂されて、府県・市町村から町内会・部落会・隣保班にまでに及ぶ大政翼賛会＝常会体制がつくられ、全国民のファッショ的統合体制が完成した。

この時期には、軍需生産を中心に鉱工業生産は伸びつづけるが、基礎資材生産は頭打ちとなり、民需産業は停滞して国民総生産の伸びが鈍化してくる。太平洋戦争開始前に、日本の経済力は限界に近づきつつあったのである。

四〇年九月内務省訓令第一七号による部落会・町内会・隣組の整備が行われ、また四〇年には恒常的な地方財政調整の体系として地方分与税制度が創設されたが、これは地方税減収の補塡と同時に、戦争進行に必要な委任事務費の確保のためであった。

(3) 戦時統制転換期(一九四一年七月アメリカの対日資産凍結―四三年二月ガダルカナル島撤退)

独ソ戦の開始(四一年六月)に対応して日本は、対ソ戦準備の関東軍特種演習を発動するとともに、四一年七月、石油・ゴム・燐酸・アルミ資源等の軍需物資を開発・調達するために南部仏印進駐を強行し、これを契機にアメリカの対日資産凍結・石油全面禁輸が行われるや、陸海軍は対米英開戦準備に入った。前期に完成した統制=総動員法制が実行に移され、さらに四一年一〇月に成立した東条英機内閣の下で、一二月八日対米英開戦にふみきり、緒戦の勝利で戦線を南方に拡大したため、南方資源(とくに石油)の運送と航空機・艦船とその主要原材料・燃料の増産を中心に経済統制が組み替えられていく時期である。

企業に対する統制として、重要産業団体令(四一年八月)により四一年一一月以降各産業分野ごとにつぎつぎと統制会が設立され(表13)、政府が統制会を通じて各企業を統制する「統制会体制」が成立した。また、非常時金融対策(四一年一二月)により、四二年二月、日本銀行の国家的性格を強め、その機能を産業金融調整と「大東亜共栄圏」の国際収支決済にまで拡大する日本銀行法が制定され、戦時金融金庫と南方開発金庫が設立されて、戦時金融が本格化する。さらに、企業整備令・金融事業

表13　統制会一覧表（第1次・第2次指定分）

統制会名	創立総会	会長	前職
		第1次指定分	
鉄鋼統制会	1941.11.21	平生　釟三郎	日鉄社長
		豊田　貞次郎	同上
石炭統制会	41.11.26	松本　健次郎	日本石炭社長
鉱山統制会	41.12.18	伊藤　文吉	日本鉱業社長
洋灰統制会	41.12.18	浅野　総一郎	浅野洋灰社長
電気機械統制会	42. 1.12	安川　第五郎	安川電機社長
産業機械統制会	42. 1.15	大河内　正敏	理研会長
精密機械統制会	42. 1.10	原　清明	大阪機工社長
自動車統制会	41.12.24	鈴木　重康	ヂゼル自社長
車輛統制会	41.12.22	島　安次郎	汽車会社社長
金属工業統制会	42. 1.15	鈴木　元	古河電工専務
貿易統制会	42. 1.27	南郷　三郎	日本綿花社長
造船統制会	42. 1.28	斯波　孝四郎	三菱重工会長
		第2次指定分	
綿スフ統制会	1942.10. 5	井上　潔	鐘紡常務
絹人絹統制会	42.10. 2	辛島　浅彦	東洋レーヨン会長
羊毛統制会	42. 9.19	鶴見　左吉雄	大東紡社長
麻統制会	42. 9.25	鹿野　澄	日本原麻社長
化学工業統制会	42.10.30	石川　一郎	日産化学社長
軽金属統制会	42. 9. 1	大屋　敦	住友化学社長
油脂統制会	42.10. 5	藤田　政輔	日本油脂社長
皮革統制会	42. 9.21	鈴木　熊太郎	日本原皮社長
ゴム統制会	43. 1.25	林　善次	日本タイヤ専務
鉄道軌道統制会	42. 5.30	中川　正左	鉄道同志会長
船舶運営会	42. 4. 1	大谷登（総裁）	日本郵船社長
全国金融統制会	42. 5.23	結城　豊太郎	日銀総裁兼任

『朝日経済年史』（昭和17-18年版）p.22等による．

整備令（四二年五月）により中小商工業者の整理統合・転廃業と中小金融機関の整理統合がすすめられ、多数の地方中小企業家が廃業または軍需産業への転業を強制された。

独ソ開戦直後に閣議決定された「昭和十六年度生産拡充緊急対策」から、軍部の対米英戦短期決戦の意図を反映して、経済統制＝計画が、従来の長期的な生産設備の拡張を意図する生産力拡充計画から短期的な増産を意図する生産拡充計画にかわり、その後さらに応急的に特定分野だけの増産をはかる生産増強政策が登場する。こうして四二年一一月臨時生産増強委員会が設置され、その下で航空機・船舶とその主要原燃料である鉄鋼・軽金属・石炭が五大重点産業に指定され、その緊急増産に資源・労働力を集中させるようになった。

一方、食糧不足がようやく深刻となって、食糧の増産・確保が重要課題となり、農村勤労動員が開始された。四一年八月米穀供出に生産者優先の二重価格制が採用され、四二年二月には食糧管理法が制定されて主要食糧が国家の管理下に入れられた。二重米価制はやがて地主制に決定的な打撃を与えることとなる。

この時期には軍需生産は伸びつづけるが、それ以外の重化学工業が停滞し、鉱工業生産指数が四二年にマイナスに転じ、国民総生産の伸びも停止する。太平洋戦争開始期に日本の戦争経済力はすでに限界に達していたのである。

(4) 戦時統制破綻期（一九四三年二月ガダルカナル島撤退―四四年七月サイパン島陥落、東条内閣総辞職）

膨大な人的物的損害を出してガダルカナル島攻防戦に敗北して以後、日本軍はつぎつぎと南方占領地からの撤退をつづけるとともに、制空＝制海権喪失と船舶不足により海上輸送力が急減し、航路閉鎖があいついだ。そのため南方資源の転送だけでなく中国資源の輸送も困難になる中で、破綻に瀕する戦時統制経済の再構築が試みられる時期である。

まず、戦時行政職権特例（四三年三月）により首相に行政権を一元化し、前述の五大重点産業を正式に指定して首相にその増産指示権を与え、同時に内閣直属の行政査察使を設けて指定工場を監察させることとした。ついで、緊急物価対策要綱（四三年四月）により従来の低物価政策を「適正物価」政策へ修正し、重要物資や米の価格を引き上げ、価格調整補給金制度による二重価格制や重要物資増産への価格報奨制度を採用した。

さらに、行政組織を改編して軍需生産を一元的に指導する軍需省を設置し、その下で軍需会社法（四三年一〇月）により航空機等の重要軍需物資を生産する代表的企業を軍需会社に指定した（四三年一一月より四四年一二月まで合計六八一社を指定）。軍需会社には政府が任免権をもつ生産責任者をおき、生産責任者には会社の代表権・経営権が集中されたが、指定会社は生産だけでなく、会社組織や設備投資・労務管理・資金調達にまで政府の介入をうけることとなった。同時に、政府の命令にしたがい軍需生産を遂行するかぎり、各種統制法規から「自由な」企業活動を行い、しかも資材・資金配分の優遇だけでなく損失補償と利潤保証措置をうけることができる「特権」が与えられた。そのため企業間に指定獲得競争が行われたが、指定をうけた会社の多くは財閥系有力企業であった。軍需会社制度とともに軍需会社指定金融機関制度が設けられ、特定銀行と指定軍需会社との系列融資関係が成立し、それを戦時金融金庫と日本銀行が補完するようになった。

一方、戦力増強企業整備要綱（四三年六月）により企業整備が一段と強化され、繊維産業等の民需産業の軍需産業への転換、その工場設備の屑鉄化や労働者の配転が強行されただけでなく、一部の不急軍需関連工場の設備・労働者の重点軍需産業への転用さえも行われるにいたった。

この時期には、あらためて各種の動員計画が作成されたが、その多くは実効性をともなうものではなかった。その中で実効をあげたのは、航空機とその関連機器・資材の増産への資金・資源の集中と、兵力動員の穴をうめるための植民地・占領地労働者と学徒・未婚女子の動員を中心とする労務動員の大幅な拡充であった。しかし、前者の航空機等の増産への資金・資源の集中は、それ以外の産業の生産の後退をもたらし、後者の植民地・占領地労働者の強制連行と学徒動員・女子挺身隊を中心とする労務動員は、労働時間の延長にもかかわらず、労働の希釈化による生産性の低下をもたらした。

こうして、この時期には、経済統制の再構築対策によって航空機等の特定軍需生産は一時的に増大するが、普通鋼など基礎資材生産は停滞し、鉱工業生産指数は若干回復するていどにとどまり、民需品をふくむ国民総生産はマイナスに転じていった。本土空襲が本格化する以前に、日本の戦争経済力はすでに崩壊への道をたどりつつあったのである。

(5) 戦時統制解体期（一九四四年七月サイパン島陥落・東条内閣総辞職―四五年八月敗戦）

四四年七月、サイパン島陥落で東条内閣が総辞職し、小磯・米内内閣が成立するが、政府は大本営政府連絡会議にかえて最高戦争指導会議を設けた。政府は、四四年初頭を頂点に国力が低下してその回復が困難であることを認めながら、なお戦争継続に意欲をもやし、航空機を中心とする超重点軍需生産に全力をそそいでいく。しかし、海上輸送力の減退による南方資源の還送の杜絶、中国本土からの資源輸送の急減、本土空襲による軍需生産施設の被害等により、基礎資材だけでなく兵器自体の生産も四四年後半から急激に低下していった。こうして戦争継続が不可能となる中で、四五年四月に成立した鈴木貫太郎内閣は、一方で本土決戦態勢をととのえながら、他方で終戦工作を開始するが、ついに原爆投下とソ連参戦を契機にポツダム宣言を受諾するにいたる。

この時期には、軍需生産が航空機とその関連機器・資材に集中された。軍需工廠官制（四五年四月）の採用により中島飛行機と川西飛行機の二大航空機会社が民有国営の軍需工廠とされて、そこへの資材・資金・労働力の集中がはかられ、また、軍需金融に地方銀行資金を動員するための共同融資銀行（のち資金総合銀行）の設立（四五年三月）がはかられたりするが、ほとんど効果をあげえなかった。

米軍の本土空襲は、四五年三月東京大空襲をはじめとして、日本国民の戦意喪失をはかる都市「無差別爆撃」となり（その極限が原爆投下）、同年四月米軍が沖縄本島に上陸して悲惨な沖縄戦が開始された。こうしたなかで、鈴木内閣は、戦時緊急措置法（四五年六月）を制定して事実上の独裁権を獲得し、義勇兵役法によって各職場・各地域ごとの国民義勇隊の結成をすすめ、肉弾をもっての本土決戦を準備するにいたる。また、食糧逼迫が深刻となり、満州・朝鮮からの穀物・塩等の移入がはかられるが、それも機雷敷設により輸送が困難となって、国民生活は飢餓水準に近づきつつあった。四五年には、鉱工業生産も国民総生産も大幅な低下を記録する。原爆投下とソ連参戦が日本のポツダム宣言の受諾を早めたことは事実であるが、それがなくとも、敗戦はもはや時間の問題であった。

三　戦時統制経済の特徴

日本の戦時総動員＝戦時統制経済の展開には、次のような特徴を確認することができる。

(1)　対外依存性の増大

まず第一に、戦争の進展は、日本資本主義経済の戦前からの特徴である対外依存性（重要基礎資材と高度生産手段の輸入依存）を克服するものでなく、むしろそれを増大させるものであったため、戦時統制経済の展開にとって貿易問題、とくに外貨不足問題がつねに重要な制約要因となったことである。戦時統制経済運営の中枢をなす物資動員計画が、日中戦争期にはつねに輸入＝外貨枠を中心として編成され、そして貿易見通しが狂うたびにつぎつぎと改訂を余儀なくされていったことが、それを集中的に表現している。そのため日中戦争期には、国内的にはいち早く消費制限がなされた繊維産業について、その輸出振興（バーター取引）がはかられさえした。

しかも、円ブロックの形成が日本の国際収支を不可避的に外貨危機へ追い込んでいくという満州事変期に生れた国際収支構造の矛盾が、日中戦争の進展とともに深刻化してきた。すなわち、日中戦争の進展によって満州・関東州だけでなく中国関内（貿易統計上は「支那」）の占領地が円ブロックに編入されたため、日本の貿易＝国際収支構造は、外貨決済を必要としない対「満州・関東州・支那」

（以下「満・関・支」と略す）貿易と、それ以外の対「第三国」貿易という異質な二面から構成されるにいたるが、それは、対欧米貿易における入超を対「満・関・支」貿易における出超によって相殺するという従来からの循環構造が崩壊してしまったことを意味していた。日中戦争期には、「円・元パー」政策による円安のため対「支」輸出が拡大し、対「満・関・支」貿易は大幅な黒字を記録し、対「支」輸出調整がはかられるほどであったが、その円ブロック貿易は外貨獲得の手段にはならなくなったのである。

さらに注意すべきことは、この間に対米貿易、とくに対米輸入依存が決定的となったことである。対米貿易は、すでに世界恐慌＝満州事変期に、生糸輸出の激減と重要基礎資材の輸入により出超から入超へ転化していたが、日中戦争期には輸入がさらに増大し、日米通商が途絶する直前の一九四〇年には、入超額が七億二千万円に達した（表14）。しかも、輸入品のうち輸入重要物品に指定された品目だけでみると、重要物品輸入総額のうちアメリカからの輸入額は四〇％を超え、「満・関・支」からのそれの輸入額の二倍以上に達し、とくに石油・鋼・屑鉄・銅・工作機械等の重要物品の輸入においてアメリカに強く依存していた（表15）。中国支配をめぐる対立や仏領インドシナ進駐を機に強化されていったアメリカの対日禁輸が、いかに重要な意味をもっていたかが理解される。生産力拡充計画の推進によって、鉄鋼・工作機械についてはある程度「自給化」が可能となるが、石油の確保は対米輸入なしに不可能であった。

アメリカの対日禁輸の強化に対抗して、日本政府は、対米輸入に代る南方資源の獲得を目指して対

表14　輸出入の相手地域別構成（1938－1943年）　（百万円）

相手地＼年次		1938		1940		1943	
欧州	出	261（9.0）	△115	184（4.6）	△8	16（0.9）	△116
	入	376（13.3）		192（5.2）		133（5.6）	
北米州	出	440（15.2）	△566	591（14.9）	△723	—　—	△4
	入	1,006（35.5）		1,314（35.4）		4（0.2）	
中南米州	出	89（3.1）	△9	164（4.1）	△54	—　—	0
	入	98（3.5）		218（5.9）		0　0	
アフリカ州	出	137（4.7）	77	128（3.2）	37	—　—	0
	入	60（2.1）		91（2.5）		0　0	
大洋州	出	96（3.3）	△1	92（2.3）	△28	3（0.2）	3
	入	97（3.4）		121（3.3）		0　0	
東南アジア	出	499（17.2）	40	626（15.8）	△131	308（16.0）	△156
	入	459（16.2）		757（20.4）		464（19.5）	
（小計）	出	1,524（52.6）	△575	1,788（45.0）	△908	328（17.0）	△274
	入	2,099（74.0）		2,696（72.7）		602（25.3）	
東北アジア（満・関・支）	出	1,165（40.2）	601	1,867（47.0）	1,111	1,299（67.4）	△22
	入	564（19.9）		755（20.4）		1,321（55.6）	
（合計）	出	2,689（92.9）	26	3,655（92.0）	203	1,627（84.4）	△297
	入	2,663（93.9）		3,452（93.1）		1,924（80.9）	
朝鮮・台湾	出	205（7.1）	34	313（7.9）	57	299（15.5）	△155
	入	171（6.0）		255（6.9）		454（19.1）	
総計	出	2,896（100.0）	60	3,972（100.0）	263	1,927（100.0）	△452
	入	2,836（100.0）		3,709（100.0）		2,379（100.0）	

大蔵省『日本外国貿易月表』昭和14年12月，16年12月，18年12月より作成．

各相手地域の上段は輸出，下段は輸入，右側は貿易収支（△は赤字）を示す．

「東北アジア」は「満州・関東州・支那」の計，「東南アジア」はそれ以外のアジア．

百万円未満切捨．（　）内は％．


米英蘭開戦にふみきるが、それは新たに海上輸送力＝船舶確保問題を生むにいたった。こうして太平洋戦争期に入ると、物資動員計画もこれまでの外貨枠に代って船腹動員トン数が計画の基準とされるが、四二年八月から四三年二月にかけてのガダルカナル島攻防戦での敗北後、船舶不足と制空＝制海権喪失による海上輸送力の減退が深刻となり、それが戦力崩壊の決め手となったのである。

(2)　戦時重化学工業の破綻

第二に、戦時統制経済の進展は、軍需生産への資金・資材・労働力の集中によって産業＝就

表15　輸入重要物品の構成（1940年）　（百万円，%）

物品＼相手国	合　計	うち満州・中国	うちアメリカ合衆国	その他主要相手国
米・籾	196.0 [7.5]	11.0 (5.6)	— —	仏領インドシナ
豆　類	112.7 [4.3]	112.4 (99.7)	— —	
炭化水素油	352.4 [13.5]	2.9 (0.8)	270.2 (76.7)	蘭領インド
生ゴム	67.0 [2.6]	0 (0.0)	— —	英領マレイ
綿　花	504.0 [19.3]	91.3 (18.1)	177.4 (35.2)	英領インド，エジプト
羊　毛	105.2 [4.0]	10.5 (10.0)	— —	オーストラリア
パルプ	66.1 [2.5]	13.3 (20.3)	34.1 (51.6)	
石　炭	116.7 [4.5]	104.4 (89.5)	— —	
鉱	204.0 [7.8]	35.7 (17.5)	8.2 (4.1)	
うち 鉄鋼	98.7 [3.8]	25.3 (25.6)	— —	英領マレイ・フィリピン
その他	105.3 [4.0]	10.4 (9.9)	8.2 (7.9)	チリ、アルゼンチン，英領インド，蘭領インド
鉄類	385.7 [14.8]	60.1 (15.6)	269.7 (69.9)	
うち 銑鉄	61.4 [2.4]	39.4 (64.1)	— —	英領インド
鋼	142.4 [5.5]	19.0 (13.4)	114.9 (80.7)	
屑鉄	181.2 [6.9]	1.6 (0.9)	154.8 (85.4)	
銅	152.1 [5.8]	0 (0.0)	140.8 (92.6)	チリ
錫	47.1 [1.8]	— —	— —	蘭領インド
内燃機関	2.4 [0.1]	— —	1.8 (77.0)	ドイツ
発動機・電動機	2.9 [0.1]	— —	1.4 (50.6)	ドイツ
金属・木工機械	136.6 [5.2]	0 (0.0)	95.7 (70.0)	ドイツ
その他機械・部品	85.5 [3.3]	0 (0.0)	51.9 (60.7)	ドイツ
肥　料	76.8 [2.9]	76.4 (99.4)	— —	
合計（A）	2,613.8 [100]	518.6 (19.8)	1,051.7 (40.2)	
輸入総額（B）（A/B×100）	3,452.7 (75.7)	755.8 (68.6)	1,241.0 (84.7)	

大蔵省『日本外国貿易月表』昭和16年12月より作成．
「満州・中国」は「満州・関東州・支那」の計．10万円未満切捨．
（　）内は，各物品計に対する比率．
合計欄の［　］内は，物品合計額に対する比率．

業構造の急激な重化学工業化（とくに「機械工業化」）をもたらしたが、この「戦時重化学工業化」は、正常な産業構造の高度化による重化学工業化ではなく、また、欧米先進諸国のように既存の重化学工業の軍需工業化を基礎とするものでもなかったため、大きな限界をもっていたことである。

すでに満州事変期に進みはじめていた重化学工業化は、日中戦争の全面化の中で一段と急速に進み、生産額・労働者数とも重化学工業がはじめて軽工業を凌駕するにいたるが、それは生産力拡充計画の推進に支えられて実現したもので、独特な性格をもっていた。「生産力拡充」構想は、当初から、内地と植民地をふくめて総力戦にたえうる新たな生産力体系を創出しようとするもので、その実行計画は既存の生産力水準をはるかに超えるものであった。日中戦争勃発後、生産力拡充計画が総力戦体制構築から軍需生産中心に改訂され、植民地開発計画も対日資源供給へシフトしていった。しかも、物資動員計画が民需だけでなく生産力拡充計画、さらに円ブロック開発計画を圧迫していったため、計画の達成が困難となり、とくに兵器生産の基礎である基礎資材生産の実績が計画を大きく下回ることとなった。

生産力拡充計画の重要基礎資材である鉄鋼についていえば、もともと日中戦争開始前から鉄鋼不足に悩まされ、屑鉄製鋼法から銑鋼一貫への漸次的移行をふくむ拡充計画を立て、目標時の四一年までに生産能力の拡充はほぼ達するが、その生産実績は目標にはるかに及ばなかった。そのため鋼材生産は早くも三八―三九年に頭打ちとなり、対米開戦直前まで屑鉄輸入がつづけられる。それは何よりも原燃料の鉄鉱石と強粘結炭を予定どおりに確保できなかったためであるが、そのことは「日・満・支」

ブロックで立てられた産業連関をもった自給計画が、植民地・占領地における資源開発をおろそかにしたために実現できなかったことによる。とくに、直接兵器生産に結びつく特殊鋼の生産に対比して、一般的な基礎素材である普通鋼の生産が停滞したが、それはとくに太平洋戦争期に入って直接軍需生産優先のため普通鋼生産への資金・資材の配分が抑制されたためであり、こうして、内地と植民地・占領地との鋼材輸出―銑鉄輸入という再生産関連も崩壊していった。このことは「日・満・支」ブロック経済における「開発」から「収奪」への転換、南方占領地における当初から現地再生産を無視した資源「収奪」によって、日本のブロック経済＝「大東亜共栄圏」がおよそその経済的実態をもっていなかったことの一表現であった。

兵器生産はなお四四年まで増産を続けたが、基礎資材生産は、特別なものを除き日中戦争期に頭打ちとなり（四三年の政策転換で一時的に若干持ち直すが）、日本の総体としての戦争経済力の拡充は、すでに太平洋戦争開始期に限界に近づいていたのである。さらに太平洋戦争の戦局が悪化する四三年以後になると、紡織機械の屑鉄化や企業整備・転廃業による軍需産業への資材・労働力の集中的動員、軍需会社法による特定重点企業への利潤保証・損失補償をともなう資金・資材・労働力の優先的配分にもかかわらず、軍需生産じたいも、兵力動員による基幹労働力の減少、労働力の稀釈化による生産性の低下と海上輸送力の喪失による資材供給の停滞などによって、やがて限界につきあたるのである。総じて日本の「戦時重化学工業化」は、その設備と労働力が戦後復興の前提となったことは認められるが、その強行が、民需部門の縮小・淘汰をもたらし、特殊な軍需生産の産業連関のみに特化していくという点で、破綻にいきつく重化学工業化であった。

(3) 戦時国家独占資本主義への移行

戦時統制経済は、軍需発注と資金・資材・労働力の特定軍需関連企業への優先的配分を通じて、重化学工業部門における資本の集中を加速化させたが、それと同時に軍需工場の工業動員体制のもとで下請制・系列化を発展させる過程でもあった。その過程で、とくに三井・三菱・住友の既成総合財閥は、いわゆる新興財閥の多くが日中戦争期に経営上困難におちいるのと対照的に、戦時統制に対応してその傘下企業の蓄積基礎を重化学工業部門に移行させつつ、国家または国家資本と癒着したかたちで各分野で独占的地位を確立した。また、日本軍の占領地域への海外投資を積極化して、戦争経済から最大の利益を獲得したのである。

戦時統制経済はまた、財政金融機構の現代資本主義的改編をもたらした。それは、一九四〇年の抜本的税制改革と四二年の日本銀行法の制定によく表れている。前者は、一方で主要税源をすべて国家に集中し、それを増徴して戦時経費膨張を支えるとともに、他方で収益税の全部と所得税等の一部を地方に分与して地方団体間の財政調整をはかり、戦時行政の末端機関と化した地方団体の「戦時ナショナルミニマム」を確保しようとするものである。これは馬場財政が準戦時期に実現しえなかったものを実現した、わが国税制史上まさに画期的な改革であった。後者は、一方で日本銀行の国家的性格を強化し、同時に政府権限を著しく強化して中央銀行としての中立性を失わせるとともに、他方で、管理通貨制度の恒久化を前提に、日本銀行の通常業務の範囲を拡大して、生産力拡充資金・軍需会社資金等の戦時金融を支えるものであった。同時に国債消化等の金融調節および「大東亜共栄圏」の国際決済をも行わせるもので、すでに実態として進行していた「金融の二重化」を追認したものであった。

このように、重化学工業を基礎とする独占資本が第二次世界大戦によってはじめて確立し、現代資本主義としての国家独占資本主義への移行が戦時国家独占資本主義への移行として本格化したところに、日本資本主義の特徴があった。総動員政策と戦時経済統制に対応して重化学工業を中心に急拡大する過程で、財閥は大きく変貌していった。①本社の株式会社化と財閥家族の本社経営からの後退、②本社の傘下主要企業に対する支配力、本社の資金調整機能の低下と、傘下主要企業の本社からの自立化とその産業コンツェルン＝企業グループの形成等が、財閥の変貌の内実であるが、しかし、財閥家族の資本所有は最後まで維持された。

この変容した財閥と戦時下につくられた財政金融機構は、戦後の日本資本主義再建の前提条件となったといってよいが、政治＝経済構造としての戦時国家独占資本主義は、そのままでは決して新たな発展の起点たりうるものではなかった。

(4)　掠奪的性格

最後に、日本の戦時統制が、植民地・占領地民衆に対して掠奪的であっただけでなく、同じ運命をたどったナチス・ドイツと比較した場合、国民に対してもきわめて掠奪的であったことに注意しておかねばならない。植民地・占領地民衆についていえば、「南京虐殺」に代表される非戦闘民の虐殺、労働者の強制連行、従軍慰安婦の徴用等に日本軍の掠奪性がもっともよく表れているが、それだけでなく、現地徴達という名の民衆生活必需品の掠奪、ほとんど無価値になる軍票による物資徴達等にも掠奪性が示されている。

国民に対する収奪の日独比較をみると、ドイツでは民需品＝消費財生産が四四年までほぼ戦前水準に保たれていたのに対し、日本では、軍需生産のために民需用工業生産を破壊し、同時に農業についても、その基幹男子労働力の徴兵・徴用と資材配給の制限をつうじて生産を急速に低下させた。そのため、ドイツでは四三年末まで国民の生活水準はほぼ戦前水準に維持されていたのに対し、日本では、生活必需物資の不足による生活水準の低下ははやくも日中戦争期からはじまり、太平洋戦争期にはそれが加速度的となり、植民地からの食糧輸送が断たれた終戦時には、飢餓水準に近づいていた。それは、直接には日本とドイツのファシズム体制の差異（下からのファシズムと天皇制ファシズム）によるものであるが、より長期的には、教育による国家への忠誠心の涵養と反体制思想・運動の弾圧・排除によって、日本国民のほとんどが国家に対する抵抗心を喪失してしまっていたことを表現していた。日本政府がポツダム宣言の受諾（無条件降伏）を決意するとき、最後まで固執したのは、国民生活ではなくて「国体の獲持」（天皇制の護持）であったのである。

第三節　敗戦・戦後改革と日本資本主義の再建

一　世界的再編の一環としての敗戦・戦後改革

一九四五年八月一四日の御前会議で、「国体の護持」の一条件を付してのポツダム宣言の受諾が決定され、第二次世界大戦（日中戦争―太平洋戦争）は日本帝国の連合国への無条件降伏として終った。敗戦とともに日本帝国は植民地を失い、天皇制軍隊は内外にわたってその権能を停止した。植民地支配による補完と軍事力への依存を不可欠な環としてきた日本帝国主義は解体への第一歩をふみ出したが、なおしばらくは内発的な変革運動は生起することなく、天皇制支配機構はほぼそのまま存続した。それを破砕したのは、占領軍による「非軍事化・民主化」政策であった。

一方、敗戦とともに軍需生産が停止したが、それは軍需を中心に組み立てられてきた戦時経済の全構造の崩壊をもたらした。すでに戦争末期から進行していたインフレーションと食糧難が、敗戦直後の臨時軍事費の大量撒布と昭和二〇（一九四五）年度産米の凶作によって加速化され、国民生活は危機的状況におちいった。それを背景に、占領軍による「民主化」政策に触発されて変革運動も急速に生起してくる。こうして、旧体制の民主主義的変革と日本経済の再建とが同時に国民共通の課題となったが、それは何よりも第二次大戦がもたらした世界的再編の一環に位置づけられたものであった。

もともと、日本帝国主義が一方の火つけ役となり、東アジアが一中心地となった第二次世界大戦は、世界史上はじめて全世界をまきこんだ文字どおりの世界戦争であり、この大戦を画期として世界史は一つの新しい段階に入ることとなった。

第一に、第一次世界大戦が基本的に「欧州大戦」であり、古典的帝国主義戦争であったのに対比して、第二次世界大戦は、資本主義の全般的危機の進展を背景とした、英・米・仏と日・独・伊の帝国主義諸国間の戦争、日・独帝国主義とソ連社会主義の戦争、帝国主義の侵略に対する民族解放戦争、その他の諸要素が交錯した複合的性格をもつ世界戦争であった。そして、それらの諸要素が最終的にはファシズム同盟国に対する反ファシズム連合国の対抗にまとめあげられ、反ファシズム連合国の勝利に終った。そのために第二次世界大戦の戦勝国による戦後処理は、敗戦国の賠償支払いや領土削減にとどまらず、連合国軍の占領によるファシズム体制の解体として行われることとなった。

第二に、第一次世界大戦が戦争の「機械化」と総力戦思想を生み、一時的な平和＝国際協調体制を成立させながらも、結局、世界恐慌の深化の中で各帝国ブロッキズムと軍拡競争をもたらしたのに対比して、第二次世界大戦は、その帝国ブロッキズムを破壊して軍事力・経済力の国際的集中をもたらすと同時に、無差別・大量殺傷の原子爆弾を生み、もはや次の世界戦争は人類の破滅でしかないことを明らかにし、こうして平和共存が戦後の世界人類の最高の理念となった。

第二次世界大戦の結果、一方で資本主義世界におけるアメリカ合衆国への軍事力・経済力の集中とその主導権の確立、他方で社会主義ソ連の台頭とそれが支配力を行使する社会主義地域の拡大がもたらされるとともに、植民地体制が崩壊し、従属国・植民地諸民族の独立およびその社会主義革命があいつぎ、いわゆる「第三世界」が形成される。これらが戦後世界再編の規定要因となった。資本主義世界では、アメリカ以外の帝国主義諸国は、敗戦国であると戦勝国であるとを問わず、戦争による破壊と危機要因の拡大のために、個別的に資本主義体制を維持していくことが不可能となり、アメリカの援助が不可欠となった。こうしてアメリカの軍事力・経済力に依存した国際協力体制の形成が不可避となった。大戦末にブレトン・ウッズ協定によって、ブロッキズムの否定のうえに確認された国際経済協力の理念（国際通貨制度の構想）は、戦後アメリカの主導する（国際通貨ドルが支配する）国際経済協力体制＝ＩＭＦ体制として実現するにいたった。そして、戦争末期から生成していた反ファシズム連合の中の米・ソの対立が戦後世界再編をめぐって顕在化するや、反ファシズム連合は解体し、いわゆる冷戦体制が構築されてくる。日本の戦後改革は、このようなアメリカの主導する戦後世界再編の一環に位置づけられ、アメリカの世界政策の変化に応じて「転換」していった。

二　占領軍による経済民主化とその「転換」

連合国軍による日本占領は、事実上アメリカ軍の単独占領となり、沖縄をのぞいて直接軍政でなく（各府県軍政部が現場の指示もしたが）、間接統治方式がとられたことを特徴とする。そのため戦後民主改革は、日本政府による原案作成・議会審議・公布・施行という形態をとったが、基本的な方針はすべて絶対的権力をもつ連合国軍総司令部（ＧＨＱ）の指令・覚書・勧告・見解等によって決定された。

アメリカ占領軍の初期の対日政策の基本方針は、「降伏後における米国の初期の対日方針」（一九四五年八月三省調整委員会決定、九月発表）に示されているように、日本が再びアメリカの脅威とならなないための「非軍事化」と、その目的を将来にわたって保障するための「民主化」とにおかれた。この方針のもとに、占領直後から四七年にかけて、軍隊の解体、軍工廠の管理、参謀本部・軍令部の廃止、天皇制の改編、治安維持法・特高警察の廃止、政治犯の釈放、国家神道の廃止、教育の自由主義化、戦争指導者の追放、婦人参政権の実現、労働者の団結権の保障、等々の旧秩序の民主主義的改革と、財閥解体・農地改革等の「経済の民主化」とが、つぎつぎと実行に移された。

アメリカの対日占領政策には、その立案・決定過程から、日本派と中国派、保守派と「ニューディール派」（リベラル派）などの対立がみられ、とくに「経済の民主化」については、対ソ戦略の観点から日本の経済復興を重視する日本派と、日本帝国主義の復活を危惧して徹底的な「民主化」を求める中国派との鋭い対立がみられた。初期の対日政策は中国派の線にそったものであり、初期のGHQ、とくに民政局（GS）には、「民主化」を重視する「ニューディール派」が多かった。ヨーロッパ情勢の緊迫からアメリカの世界政策が、四七年三月のトルーマン・ドクトリンを画期に「冷戦の論理」を明確にし、そして、中国革命の進展にともなう東アジアの政治情勢の緊迫化につれて、アメリカの対日政策は、四七年から四八年にかけて（その画期、四八年一月ロイヤル陸軍長官声明）、「非軍事化」＝「民主化」を基調とする政策から、日本に「反共の防壁」としての役割を期待する「経済自立化」政策へ「転換」をとげていき、「ニューディール派」は後退していった。

ここでは、占領軍による「経済の民主化」とその「転換」の実態を、財閥解体・労働改革・農地改革の三つの基本的経済改革にそくしてみておこう。

(1)　財閥解体

財閥解体には二つの側面、すなわち日本経済の「非軍事化」=「民主化」のため、侵略戦争の一翼を担った財閥コンツェルンを解体する狭義の財閥解体と、一般的な「民主化」のための経済力集中排除法による財閥傘下の独占的企業の解体とがふくまれていた。

前者の狭義の財閥解体は、前述の「初期の対日方針」に基づき、一九四五年一一月持株会社解体に関する指令を起点として、財閥資本家の期待を裏切って実行された。四六年九月から四七年九月までに合計八三社が持株会社整理委員会によって持株会社の指定をうけ、四大財閥のほか中小財閥をふくむ財閥本社の解散、三井物産・三菱商事の解散、指定会社の有価証券の強制譲渡等の措置が行われた。さらに傘下企業の証券保有の制限、企業間の役員兼任禁止、財閥家族所有の有価証券の強制譲渡等の措置が追加され、それに役員の追放が重なって、財閥コンツェルンはほぼ完全に解体された。

これに対し後者の集中排除法による解体は、日本の資本家団体が頑強に抵抗し、アメリカ国内の批判もあってなかなか実現せず、一九四七年一一月にいたり過度経済力集中排除法という妥協的形態で実行に移された。しかし、その指定対象会社は四八年二月の三二五社がピークで、以後、四八年三月ドレーパー使節団の来日（重化学工業育成のための賠償計画の縮小と指定会社の解除を指示）を画期とする占領政策の「転換」とともに急速に後退し、最終的に指定会社として分割されたのは日本製鉄・三菱重工など一八社にとどまった。戦時金融に重要な役割を果たした財閥系銀行や日本興業銀行は解体されないで終った。そして、四八年より始まった独占禁止法（四七年四月公布）改正の動きが四九年六月に実行に移され、その後、存続した銀行を中心に「企業集団」という新しい形態での独占資本の再結集がはかられていった。

財閥解体は、閉鎖的ファミリー・コンツェルンの解体という点では、すでに進行していた昭和恐慌以後の「財閥の転向」(財閥家族の経営からの後退と傘下企業の株式の公開)、戦時下の本社の改組と本社の傘下企業に対する持株率・支配力の低下を継承したものとみることもできるが、財閥家族の資本所有の否定、本社および傘下大企業の解散などは占領政策によってはじめて断行されたものであり(それが戦後の寡占間競争の出発点となる)、戦時下の財閥の変容と戦後の財閥解体との間には大きな飛躍＝断絶があるのである。

(2) 労働改革

労働改革は、一九四五年一〇月連合国軍最高司令官総司令部マッカーサーの五大改革指令を起点として行われた。まず、その指令にそって四五年一二月労働組合法が制定され(翌四六年三月施行)、さらに、四六年九月労働関係調整法、四七年四月労働基準法および同年一〇月国家公務員法等がつぎつぎと制定されて、現代的労働法体系が樹立された。これによって、日本ではじめて団結権・団体交渉権が保障され、八時間労働が法定された。日本の支配層は労働改革に消極的であり、GHQの改革指示にそって立法化を進めたのは若手官僚と進歩的学者であった。

労働組合運動は四五年末から急速に拡大・高揚し、労働組合法の施行前に組合数三二〇〇、組合員一五〇万人に達し、施行後さらに倍増した。しかも四六年前半には「経営の民主化」闘争から生産管理・業務管理争議が激増し、経営権を脅かすにいたった。これに対し、占領軍および日本政府は「違法スト」弾圧に乗り出した。その頂点が四七年二・一ゼネスト禁止であるが、それはなお当初からの占領軍の労働政策の枠内にあった。占領政策の「転換」は、この場合も四八年に明確になる。すなわち四八年七月マッカーサー書簡・政令二〇一号を画期として、四八年から五〇年にかけて経営合理化、レッド・パージ、左翼組合の弾圧が強化され、労働運動は分裂し後退していった。そして、国家公務員法の改正、新労組法の制定等の再改革がなされ、生産管理争議・経営協議会で勝ちとった労働協約が破棄され、争議権・団体交渉権が制限されていった。

このように労働改革は大きく旋回をとげたが、しかし、その中ではじめて現代的労働権が成立し、なお日本的特性と限界をもつとはいえ、欧米なみの労資関係の社会改良主義的枠組みがはじめてつくられた。労働組合法の早期制定に戦前の労働組合法案の経験が生かされ、急激に拡大した労働組合の従業員組合としての性格に戦時下の産業報国運動の「遺産」を認めることはできるが、旧秩序の下では成立しえなかった労働権がはじめて成立した点に、戦前・戦時と戦後との「断絶」があった。そして、新たにつくられた労資関係の枠組みが、その後の経済成長を支えていったのである。

(3)　農地改革

農地改革は、占領軍の態度がまだ明確にされていない一九四五年一〇―一一月に、進歩的農林官僚によって独自に農地改革法が作成された点に特徴がある。その農林省原案が閣議で修正されて成立した第一次農地改革法案は、強制譲渡方式による自作農創設や小作料金納の制度化等の点で、戦前来の自作農創設や小作立法から飛躍したものであったが、在村地主の保有地を大幅に認めた点や農地委員会の構成において土地改革として限界をもっていた。その第一次農地改革法案さえ議会で難航し、GHQの「農地改革に関する覚書」（四五年一二月）が出されてようやく成立した。第一次農地改革法はその「覚書」で批判され、同法による農地委員の選挙が停止されて全面実施にいたらず、その後、対日理事会でのアメリカ・イギリスとソ連との対立を経て、四六年一〇月にいたり第二次農地改革法（自作農創設特別措置法と農地調整法改正）が成立するにいたる。それは第一次農地改革法をさらに徹底させたもので、急速（二年間に実施）で広範（都府県の在村地主の貸付地保有を一町歩に制限）な強制買収・直接創定方式による自作農創設、小作関係の近代化および改革実施主体の農地委員会の構成の民主化（地主委員の制限）等の点で、戦前来の農地政策と質的差異をもっていた。そのスムーズな実施によって、小作地のほぼ八〇％、約二〇〇万町歩（関係地主約一〇〇万戸、小作農約四〇〇万戸）が解放され、こうして明治維新以来持続してきた地主的土地所有が根底から解体された。

すでに第二次農地改革法が成立する前に、日本農民組合の指導下に農民運動が急速に拡大・高揚し、地主の土地取上げに対抗して農地改革を強力に推進したが、それだけでなく、その先進地域では、土地管理組合による農地の共同管理と農業共同経営を基軸とする農村構造の変革という「農民的農業革命」を目指す動きが表れた。占領軍は、そうした農地改革法の枠組みから逸脱する運動や山林解放に対しては敵対的態度をとりながら、「反共の防壁」たるべき自作農の創設を積極的に推進していき、五〇年のポツダム勅令では自作農主義の恒久化をうたうにいたった。一方農民運動は、農地改革の進展による自作農の拡大につれて急速に退潮し、分裂していった。財閥解体と労働改革が占領政策の「転換」によって後退していったのに対して、農地改革だけはそのまま遂行された点に、占領軍の「経済の民主化」政策の特徴があった。

以上のように、アメリカ占領軍主導の戦後改革は、初期の「非軍事化」＝「民主化」政策から、「反共の防壁」たるべき日本経済の「自立化」政策へ「転換」していったが、その「経済の民主化」政策は「転換」後も基本的には維持されたとみることができる。そして、その「民主化」政策は、対象となった日本資本主義自体の歴史にそくしてみれば、戦前来残されてきた民主主義革命の課題、すなわち前近代的＝半封建的諸関係の変革を、敗戦・占領という特殊な条件の下でドラスチックなかたちで、ただしあくまでもブルジョア民主主義の枠内で実現したものであった。

農地改革はもちろん、財閥解体や労働改革さえも、戦前・戦時における改革の経験を「遺産」としてもってはいたが、それと戦後改革との間には大きな飛躍＝断絶があった。またこの改革は、独占禁止、労働権の確立、小農保護政策といった、たんなる「近代化」にとどまらない「現代化」（＝国家独占資本主義化）の課題を同時に実現したものであった。

しかし、改革の過程で日本ブルジョアジーはすでに変革主体たる資格を喪失しており、労働者・農民の変革運動は、占領軍による「民主化」の遂行を下支えしながら、その先進部分にそれをこえる人民民主主義革命の潮流を生み出してくるが、この革命的潮流は占領軍によって厳しく抑圧され、それに対抗しうる有効な戦略を提示しえないままに急速に後退していった。こうして占領軍による「民主化」は、戦後世界再編の一環としての「外からの変革」にとどまり、それをいかに日本社会に内実化していくかが、日本国民の課題として残されたのである。

三　戦後経済統制と日本資本主義の再建

以上に概観したように、占領軍による戦後改革は「非軍事化」＝「民主化」政策から「反共の防壁」たるべき日本経済の「自立化」政策へ「転換」していったが、その過程は同時に、日本資本主義がアメリカ帝国主義に従属する国家独占資本主義として新たに再建される過程でもあった。

日本の鉱工業生産指数は、敗戦直後の一九四六年初頭に戦前（一九三四―三六年平均）の約二〇％へ落下し、ドッジ・ラインの指針となる「経済安定九原則」が発表される四八年末までにその約七〇％にまで回復し、朝鮮戦争を経た五一年に戦前水準を越えるにいたる。農業生産指数も、国内主穀生産指数が四八年に戦前水準に回復し、五二年には農産物総合指数が戦前水準を越えるにいたる。その間、未曾有のインフレーションと食糧危機を克服し、生産復興を特定路線に軌道づけた主要な政策的契機は、第一に占領軍の主導下に再編された戦後経済統制、とくに物価体系の設定と重点的資金・資材配分およびアメリカの対日援助、第二に、占領軍の対日政策の「転換」を総括し、日本経済の「自立化」を軌道づけたドッジ・ラインの強行、そして第三に、朝鮮戦争とそれ以後の「特需」であった。

(1)　戦後経済統制

経済統制は、占領軍の指示により、戦時総動員のための統制から、国民生活の維持・安定のための統制へとその目的を変更して継続された。国家総動員法は廃止され、物資統制令も四六年一〇月には失効し、これにかわる戦後物資統制の基本法として臨時物資需給調整法が制定された。同法にもとづいて戦後統制実施の体制と手続きが整えられていき、各四半期ごとの物資需給計画の作成は継続された。また、臨時資金調整法・銀行等資金運用令による資金調整も、その調整基準を軍需優先から生活必需品優先へ変えて継続された。

一九四六年二月、敗戦後爆発したインフレを抑制するため、金融緊急措置令による預金封鎖・新円切替え（同時に国民の新円による消費支出の制限）が断行されたが、それに対応して同年三月、戦前基準で物価は一〇倍、賃金は五倍とする公定物価体系が設定され、新たに物価統制令が施行され（戦時の価格等統制令を吸収）、九月には物価庁も新設されて、物価取締りが強化された。しかし、赤字財政・日銀券増発によりインフレが再燃し、労働運動が高揚したため、四七年三月、物価・賃金の安定と生産復興のための急速かつ強力な措置を求めるマッカーサー書簡が発せられ、七月に戦前基準で物価は六五倍、賃金は二七倍と実質賃金を戦前の二分の一以下に抑制する新物価体系が設定され、その低賃金水準を維持するため労働運動が抑圧され、低米価供出が強行された。こうした物価統制政策と一定の生産復興とによって、四八年末には公定価格と闇価格の差が縮小し、公定価格の廃止が開始される。

一方、四六年九月経済安定本部が設置され、一〇月には前述した物資統制令に代る臨時物資需給調整法が制定されるとともに、戦時金融金庫に代る復興金融金庫が設置され、また、「戦時補償打切り」とともに企業再建整備法・金融機関再建整備法も制定されて、生産復興・企業再建の体制が整えられた。こうして、四六年度第4四半期から、石炭と鉄鋼の循環的増産をはかる傾斜生産方式による基礎物資需給計画が策定された。しかし、それもただちに行き詰まるや、前述の生産復興のための急速かつ強力な措置を求めるマッカーサー書簡が発せられ、四七年半ばより、アメリカの対日援助にも支えられて（ただし、対日援助額は占領軍経費の終戦処理費にはるかに及ばない）、石炭・電力・鉄鋼・肥料等の重点産業を中心として、価格調整補給金の支給と復興金融金庫の融資等による利潤保証と資金・資材の優先的配分政策が強化され、その下でようやく大企業の生産再開が軌道にのり、四八年末には前述のような水準にまで生産復興が達せられるのである。

(2) ドッジ・ライン

一九四九年二月に来日したドッジ公使による経済安定政策、いわゆるドッジ・ラインは、四八年初頭のロイヤル声明を画期とする占領政策の「転換」が、同年五月のドレーパー使節団報告で具体化され、それが一〇月にアメリカ政府の国家安全保障委員会で確定され（NSC13/2文書）、一二月「経済安定九原則」として公表された指針を強力に実施に移したものである。ドレーパー使節団報告の内容は、賠償緩和・集中排除緩和による日本経済の「自立化」、対日援助の打切りと均衡財政の確立および為替レートの設定による通貨安定・貿易拡大を提示したものであったが、これをうけて、ドッジ・ラインの中心も、第一に超均衡予算の作成による健全財政の確立、そのための徴税強化、第二に、復興金融金庫融資の停止、価格調整補給金および輸出入補給金の大幅削減、対日援助見返資金特別会計の新設による対日援助の抑制、第三に、一ドル＝三六〇円の固定的単一為替レートの設定による日本の物価の国際物価への連動と輸出入貿易の民間への移管であり、そして、これらによって日本経済の一挙安定と「自立化」をはかった点にあった。

ドッジ・ラインの実施によって、四九年から五〇年にかけて日本経済は深刻な不況におちいり、政府・公共部門から民間大企業に及んで大規模な人員整理が行われ、中小企業が大量に倒産し、大量の失業者が発生した。そして、この人員整理は、占領政策の「転換」を体現して、GHQの「内密の指導」によるレッド・パージの前哨戦であったのであり、同時に左翼労働運動に対する厳しい弾圧と労働法規の改悪をともなっていた。そのため、ドッジ・ラインを契機に労働運動は分裂・後退を余儀なくされていった。一方、予想外の激しい不況に対し、GHQの指示による見返資金特別会計からの重点産業への融資、日銀による貸出増加と市中銀行を通ずる重要産業（とくに優良企業）に対する指定融資などの緩和措置がとられたが、生産復興・輸出振興にはさしたる効果をあげないまま、朝鮮戦争を迎えることになるのである。

(3)　朝鮮戦争と特需

一九五〇年六月の朝鮮戦争の勃発は、アメリカ軍の兵站基地としての日本に特需ブームをもたらし、ドッジ不況を解消しただけでなく、一挙に経済復興を軌道にのせることとなった（表16）。同時に朝鮮

表16 「特需」の概要（1950.6－55.6）

(a) 特需契約高　（千ドル）

	物資	サービス	合計
第1年	229,995	98,927	328,922
第2年	235,851	79,767	315,618
第3年	305,543	186,785	492,328
第4年	124,700	170,910	295,610
第5年	78,516	107,740	186,256
累計	974,607	644,129	1,618,736

(b) 主な物資およびサービスの契約高（1950.6－55.6）　（千ドル）

物資		サービス	
1兵器	148,489	建物の建設	107,641
2石炭	104,384	自動車修理	83,036
3麻袋	33,700	荷役・倉庫	75,923
4自動車部品	31,105	電信・電話	71,210
5綿布	29,567	機械修理	48,217

(c) 主要物資の年別契約高順位

順位	第1年	第2年	第3年	第4年	第5年
1	トラック	自動車部品	兵器	兵器	兵器
2	綿布	石炭	石炭	石炭	石炭
3	毛布	綿布	麻袋	食糧品	食糧品
4	建築鋼材	ドラム缶	有刺鉄線	家具	家具
5	麻袋	麻袋	セメント	乾電池	セメント

『資料・戦後二十年史』2，日本評論社，1966年，p.160による．

戦争は、「冷戦」の主要な舞台をヨーロッパからアジアへ移し、これを機にGHQの指示により日本の再軍備が開始され（五〇年八月警察予備隊設置）、日本はアメリカの「冷戦」戦略に明確に組み入れられ、対日講和条約と日米安保条約の締結を急がされていった。

朝鮮戦争を契機に、アメリカの極東における兵站基地としての日本の経済力強化の要求、およびアメリカの東アジアにおける「冷戦」戦略のためのアジア諸国の「開発」への日本の経済協力の要求が高まり、それと日本の政府・財界の経済自立化要求とが重なりあって、五〇年代前半に、電力・鉄鋼・海運を中心に、新設された日本開発銀行・日本輸出入銀行の融資や租税特別措置による政府の支援政策に支えられつつ、特需による利潤を基に、アメリカの技術・資本を導入する大規模な合理化投資がすすめられた。

それとともに、日米が協力して東アジア諸国の資源を開発し、それを基に日本の生産を拡大してアメリカの東アジアでの需要に応ずる「東アジア経済圏」構想が浮上してくる。日本の輸出力はなお低く、貿易収支の赤字は五三年七月朝鮮戦争休戦後も続けられた広義の特需によって補填されたが、その中で、合理化投資によって五五年以後の高度経済成長の前提条件が形成され、また「東アジア経済圏」構想も、対日講和条約締結後すすめられた東アジア諸国との賠償協定によって、五五年以後具体化されていった。

戦後経済統制は、ドッジ・ラインから朝鮮戦争期にかけて最終的に解除され、対日講和条約の締結によって日本経済は平時国家独占資本主義として「自立」するが、それは同時にアメリカの東アジアにおける「冷戦」戦略に従属する過程でもあったのである。

おわりに

(1)　高度経済成長の開始

昭和三十一年度経済白書（経済企画庁「昭和三十一年度年次経済報告」）は、「もはや『戦後』ではない」とうたいあげた。つまり、回復を通じての成長は終り、今後の成長は近代化によって支えられる、そして、近代化の進歩も速かにしてかつ安定的な経済の成長によって初めて可能となる、というのである。この前年一九五五（昭和三〇）年末の閣議決定「経済自立五ヵ年計画」は、一九五四年度―六〇年度の国民総生産も国民所得も一三三以上の増加率を計画したのである。実際には、一九五五年より国民所得の伸びが年率約一〇％の高度経済成長が開始され、間に一九六四・六五年の「戦後最大の不況」をはさみながら、七〇年代初めまで成長をとげていくことになる。

高度成長を可能にした要因としては、主としてアメリカからの技術導入、中東諸国からの安価な原燃料（原油）の輸入、平和憲法の下での軍事費（防衛費）の少なさなど、いくつかの要因があげられるが、戦後経済改革がそれぞれ特徴的な形態で残した成果も、大きな要因となっているのである。

(2)　財閥解体のあとに

一九六〇年頃からはじまった、ひとたび解体された企業の大型合併を背景に、財閥解体で解体をまぬがれた銀行を中心にして、旧財閥系および特殊銀行系の企業集団が形成されてきた。そしてこれらの企業集団は、高度経済成長の過程でしだいにその支配力を強めていった。一九七六年度の支配力でみると、三井系（二木会）一九社、三菱系（金曜会）二二社、住友系（白水会）一六社、三和系（三水会）三三社、富士系（芙蓉会）二五社、第一勧銀系二五社となっている。こうして、戦前の財閥にかわって、新しい独占金融資本が成立し、寡占資本間競争の展開が、高度経済成長を支えていった。

(3)　労働改革のあとに

労働改革は、一応西欧諸国と共通の社会改良主義的労資関係の枠組みをつくりあげたが、そこで成立したのは、西欧のような労資協議会ではなくて、企業別組合・年功序列型賃金制という戦前から継承されてきた日本独特の労資関係であった。この労資関係は、労働組合の本来の機能を弱体化させ、また、新規学卒者からなる豊富な若年労働人口の低賃金採用による平均賃金の押し下げとあいまって、日本の平均賃金水準を低めることになった。それを補うために、高度成長の過程でいわゆる「春闘」が開始され、毎年ベース・アップが行われて平均賃金水準を支えていくことになった。またこの労資関係は、経営者団体による生産性向上運動の展開を背景に、日本独特の労働者の経営参加であるQCなどの「品質管理」運動を生み出していった。こうして、戦前とは異なる新たな低賃金構造がつくり出された。

(4)　農地改革のあとに

農地改革は、戦前の半封建的地主・小作関係を解体して零細自作農体制をつくり出したが、この体制が、地主・小作関係の復活を抑止するため一九五二年に制定された「農地法」による規制にも支えられて、その後ながく維持されることになる。高度経済成長はつぎつぎと追加労働力を必要としたが、零細自作農体制は、良質で低賃金の若年労働者を豊富に供給することによって、高度経済成長を支えていった。こうして農村労働人口の流出、いわゆる兼業化が広範に展開し、一九七〇年には第二種兼業農家（農外収入を主とする農家）が過半数をしめ、それと第一種兼業農家（農外収入を従とする農家）を合わせると、兼業農家が全体の約八〇％をしめるまでにいたった。政府は一九六一年、今後の日本農業の基本方向を示す「農業基本法」を制定したが、「農業基本法」はこの兼業化を承認した上で、家族経営で他産業の労働者と同じ水準の所得を確保できる優良農家である「自立経営」の育成を企図した。しかし、「自立経営」の育成は容易に進まず、むしろ兼業化がさらに進んでいった。

(5)　高度経済成長の終焉

一九七一（昭和四六）年八月、アメリカのニクソン大統領は金とドルの交換停止を発表し、戦後世界経済を支えてきたＩＭＦ（国際通貨基金）体制が事実上崩壊した。このドル・ショック（ニクソン・ショック）により、東京株式市場は史上最大の暴落を記録し、日本経済は重大な打撃をうけるにいたる。さらに一九七三年には、アラブのＯＰＥＣ（石油輸出国機構）加盟諸国が、米欧日に圧力を加えるため、原油の五％生産制限と公示価格二一％の値上げを発表し（オイル・ショック）、ドル・ショックで混迷におちいっていた資本主義世界経済に決定的打撃を与えた。ドル・ショックもオイル・ショックも、日本の高度経済成長を支えてきた主要な条件への打撃であり、これを画期に高度経済成長は終りをつげ、低成長の時代へ移行していくことになる。

しかし、戦後改革の成果である企業集団による寡占間競争、企業別組合・年功序列型賃金の労資関係、兼業化によって若年労働力を供給する零細自作農体制は、引きつづき日本資本主義を支えていくのである。

参考文献

本文の行論に直接かかわるものを中心に一部最近の研究成果をかかげた。

全体にかかわるもの

安藤良雄編『近代日本経済史要覧』第二版、東京大学出版会、一九七九年。
石井寛治『日本経済史』第二版、東京大学出版会、一九九一年。
大石嘉一郎『日本資本主義史論』東京大学出版会、一九九九年。
大石嘉一郎『日本資本主義の構造と展開』東京大学出版会、一九九八年。
『大内力経済学大系7　日本経済論上』東京大学出版会、二〇〇〇年。
山田盛太郎『日本資本主義分析』岩波書店、一九三四年。

第一章

石井寛治『近代日本とイギリス資本』東京大学出版会、一九八四年。
石井寛治ほか編『日本経済史1　幕末維新期』東京大学出版会、二〇〇〇年。
石井孝『幕末貿易史の研究』日本評論社、一九四四年。
石井孝『日本開国史』吉川弘文館、一九七二年。
オールコック『大君の都―幕末日本滞在記』（山口光朔訳）岩波文庫、一九六二年。
佐々木潤之介編『村方騒動と世直し』上下、青木書店、一九七二、七三年。
芝原拓自『明治維新の権力基盤』御茶の水書房、一九六五年。

庄司吉之助『明治維新の経済構造』御茶の水書房、一九五四年。

庄司吉之助『世直し一揆の研究』校倉書房、一九七〇年（増補版、一九七五年）。

津田秀夫「幕末期大坂周辺における農民闘争」（津田『近世民衆運動の研究』三省堂、一九七九年）。

中村哲『明治維新の基礎構造』未来社、一九六八年。

藤田五郎『日本近代産業の生成』日本評論社、一九四八年（のち『藤田五郎著作集』第一巻、御茶の水書房、一九七〇年、に収録）。

毛利健三『自由貿易帝国主義』東京大学出版会、一九七八年。

山口啓二・佐々木潤之介『幕藩体制』（体系・日本歴史4）日本評論社、一九七一年。

第二章

有元正雄『地租改正と農民闘争』新生社、一九六八年。

稲田正次『明治憲法成立史』有斐閣、一九六〇・六二年。

大石嘉一郎『日本地方財行政史序説』御茶の水書房、一九六一年。

大石嘉一郎『自由民権と大隈・松方財政』東京大学出版会、一九八九年。

大江志乃夫『明治国家の成立—天皇制成立史研究』ミネルヴァ書房、一九五九年。

小野一一郎「近代的貨幣制度の成立とその性格」（松井清編『近代日本貿易史』第一巻、有斐閣、一九五九年）。

加藤俊彦『本邦銀行史論』東京大学出版会、一九五七年。

加藤俊彦・大内力編『国立銀行の研究』勁草書房、一九六三年。

木戸田四郎「明治九年の農民一揆」（堀江英一・遠山茂樹編『自由民権期の研究』第一巻、有斐閣、一九五九年）。

小林正彬「近代産業の形成と官業払下げ」（楫西光速編『日本経済史大系5　近代上』東京大学出版会、一九六五年)。

後藤靖『士族叛乱の研究』青木書店、一九六六年。

近藤哲生『地租改正の研究』未来社、一九六七年。

佐藤昌一郎『陸軍工廠の研究』八朔社、一九九九年。

芝原拓自『世界史のなかの明治維新』岩波書店、一九七七年。

杉山和雄「金融制度の創設」(前掲『日本経済史大系5』)。

遠山茂樹『明治維新』岩波書店、一九五一年、のち岩波現代文庫、二〇〇〇年。

丹羽邦男『明治維新の土地変革』御茶の水書房。一九六二年。

丹羽邦男「明治一〇年代における土地取引の地域的性格」(前掲『自由民権期の研究』第四巻、一九五九年)。

平野義太郎『日本資本主義社会の機構』岩波書店、一九三四年。

深谷博治『華士族秩禄処分の研究』高山書院、一九四一年(改訂版、吉川弘文館、一九七三年)。

福島正夫『地租改正の研究』有斐閣、一九六二年(増補版、一九七〇年)。

堀江英一『明治維新の社会構造』有斐閣、一九五四年。

第三章

荒畑寒村『谷中村滅亡史』新泉社、一九七〇年。

池田信『日本機械工組合成立史論』日本評論社、一九七〇年。

石井寛治『日本蚕糸業史分析』東京大学出版会、一九七二年。

石井寛治『日本の産業革命―日清・日露戦争から考える』朝日新聞社、一九九七年。

石井寛治ほか編『日本経済史2　産業革命期』東京大学出版会、二〇〇〇年。

大石嘉一郎編『日本産業革命の研究』上下、東京大学出版会、一九七五年。

大江志乃夫『東アジア史としての日清戦争』立風書房、一九九八年、同『東アジア史としての日露戦争』立風書房、二〇〇一年。

大山敷太郎『鉱業労働と親方制度』有斐閣、一九六四年。

佐藤昌一郎『官営八幡製鉄所の研究』八朔社、二〇〇三年。

塩沢君夫ほか編『日本資本主義再生産構造統計』岩波書店、一九七三年。

東海林吉郎・菅井益郎『通史足尾鉱毒事件』新曜社、一九八四年。

隅谷三喜男『日本の労働問題』東京大学出版会、一九六四年。

高村直助『日本紡績業史序説』上下、塙書房、一九七一年。

武田晴人『日本産銅業史』東京大学出版会、一九八七年。

二村一夫『足尾暴動の史的分析』東京大学出版会、一九八八年。

間　宏『日本労務管理史研究』ダイヤモンド社、一九六四年（再刊、御茶の水書房、一九七八年）。

兵藤釗『日本における労資関係の展開』東京大学出版会、一九七一年。

藤村道生『日清戦争』岩波書店、一九七三年。

古島敏雄『資本制生産の発展と地主制』御茶の水書房、一九六三年。

古島敏雄編『産業史Ⅲ』山川出版社、一九六六年。

古屋哲夫『日露戦争』中央公論社、一九六六年。

村串仁三郎『日本炭鉱賃労働史論』時潮社、一九七六年。

横山源之助『日本の下層社会』岩波文庫、一九四九年。

第四章

阿部武司『日本における産地綿織物業の展開』東京大学出版会、一九八九年。

伊藤正直『日本の対外金融と金融政策　一九一四―一九三六』名古屋大学出版会、一九八九年。

牛山敬二『農民層分解の構造―戦前期』御茶の水書房、一九七五年。

大石嘉一郎・西田美昭編著『近代日本の行政村―長野県埴科郡五加村の研究』日本経済評論社、一九九一年。

大石嘉一郎編『戦間期日本の対外経済関係』日本経済評論社、一九九二年。

大石嘉一郎編『日本帝国主義史1　第一次大戦期』東京大学出版会、一九八五年。

国家資本輸出研究会編『日本の資本輸出―対中国借款の研究』多賀出版、一九八六年。

柴垣和夫『日本金融資本分析』東京大学出版会、一九六五年。

島袋善弘『現代資本主義形成期の農村社会運動』西田書店、一九九六年。

庄司俊作『近代日本農村社会の展開』ミネルヴァ書房、一九九一年。

鈴木武雄監修『西原借款資料研究』東京大学出版会、一九七二年。

高村直助『近代日本綿業と中国』東京大学出版会、一九八二年。

暉峻衆三『日本農業問題の展開』上、東京大学出版会、一九七〇年。

暉峻衆三編『日本の農業一五〇年―一八五〇～二〇〇〇年』有斐閣、二〇〇三年。

中村隆英『戦前期日本経済成長の分析』岩波書店、一九七一年。

西川博史『日本帝国主義と綿業』ミネルヴァ書房、一九八七年。

西田美昭『近代日本農民運動史研究』東京大学出版会、一九九七年。

橋本寿朗・武田晴人編『両大戦間期日本のカルテル』御茶の水書房、一九八五年。

林宥一『「無産階級」の時代』青木書店、二〇〇〇年。

林宥一『近代日本農民運動史論』日本経済評論社、二〇〇〇年。

原　朗「階級構成の新推計」（安藤良雄編『両大戦間の日本資本主義』東京大学出版会、一九七九年）。

原暉之『シベリア出兵—革命と干渉』筑摩書房、一九八九年。

兵藤釗『日本における労資関係の展開』東京大学出版会、一九七一年。

松尾尊兊『大正デモクラシー』岩波書店、一九七四年。

第五章

石井寛治・杉山和雄編『金融危機と地方銀行—戦間期の分析』東京大学出版会、二〇〇一年。

石井寛治ほか編『日本経済史3　両大戦間期』東京大学出版会、二〇〇二年。

伊藤正直『日本の対外金融と金融政策』名古屋大学出版会、一九八九年。

大石嘉一郎編『日本帝国主義史2　世界大恐慌期』東京大学出版会、一九八七年。

大石嘉一郎・西田美昭編著『近代日本の行政村』日本経済評論社、一九九一年。

大島清『日本恐慌史論』下、東京大学出版会、一九五五年。

白木沢旭児『大恐慌期日本の通商問題』御茶の水書房、一九九九年。

鈴木隆史「『満州国』論」（『体系・日本現代史2　一五年戦争と東アジア』日本評論社、一九七九年）。

鈴木隆史『日本帝国主義と満州』上・下、塙書房、一九九二年。

一九二〇年代史研究会編『一九二〇年代の日本資本主義』東京大学出版会、一九八三年。

長幸男『昭和恐慌』岩波新書、一九七三年。

暉峻衆三『日本農業問題の展開』下、東京大学出版会、一九八四年。

東京大学社会科学研究所編『ファシズム期の国家と社会2　戦時日本経済』東京大学出版会、一九七九年。

長島修『日本戦時企業論序説』日本経済評論社、二〇〇〇年。

中村政則『昭和の歴史2 昭和の恐慌』小学館、一九八二年。

橋本寿朗『大恐慌期の日本資本主義』東京大学出版会、一九八四年。

平沢照雄『大恐慌期日本の経済統制』日本経済評論社、二〇〇一年。

山崎広明「『ドル買』と横浜正金銀行」（山口和雄・加藤俊彦編『両大戦間の横浜正金銀行』日本経営史研究所、一九八八年）。

第六章

浅井良夫『戦後改革と民主主義—経済復興から高度成長へ』吉川弘文館、二〇〇一年。

大石嘉一郎編『日本帝国主義史3 第二次大戦期』東京大学出版会、一九九四年。

大内力『国家独占資本主義・破綻の構造』御茶の水書房、一九八三年。

下谷政弘・長島修編『戦時日本経済の研究』晃洋書房、一九九二年。

東京大学社会科学研究所編『戦後改革』全七巻、東京大学出版会、一九七四—七五年。

中村隆英編『占領期日本の経済と政治』東京大学出版会、一九七九年。

原　朗編『日本の戦時経済—計画と市場』東京大学出版会、一九九五年。

原　朗編『復興期の日本経済』東京大学出版会、二〇〇二年。

藤原彰・今井清二編集『十五年戦争史』2日中戦争、3太平洋戦争、青木書店、一九八八年。

森武麿ほか『現代日本経済史（新版）』1恐慌と戦争、2改革と復興、有斐閣、二〇〇二年。

山崎広明「日本の戦争経済」（山口定・ルプレヒト編『歴史とアイデンティティ』思文閣、一九九三年）。

あとがき

私が最初に日本資本主義の通史を書こうと思ったのは、岩波書店の『日本資本主義発達史講座』（一九三二―三三年）完全復刻版の解説を書き、続けて野呂栄太郎の『初版日本資本主義発達史』（一九三〇年）の解説を書いた時（一九八三年）であった。野呂の『日本資本主義発達史』は、当時としてはひときわ水準の高いものであったが、その時代状況を反映して大きな限界をもっていた。統一的な視点から、戦後の研究成果をふまえた日本資本主義の通史を書く必要があると痛感したのである。

その後東京大学を定年退官して明治学院大学経済学部に就職し、日本経済史を担当することになったが、多人数教育をノートと黒板で行うのはきわめて困難であった。そこで、毎回「講義要綱」を作成して学生に配布することにしたが、明治維新から始めてちょうど二〇回で第二次世界大戦の終了までできた。本書を書くにあたっては、この「講義要綱」が基礎になっている。

二〇〇〇年に明治学院大学を定年退職した後、私は舌ガンにおかされ、手術のため東京大学付属病院に入院することを余儀なくされた。二年半後退院して寝たり起きたりの病人生活を続ける中で、本書の素稿を書くことを計画するにいたった。毎日一時間ほど少しずつ書き続けて、約一年間かかって脱稿することができた。

そこで、かねてより通史の執筆を勧めてくれていた東京大学出版会の大江治一郎氏に本書の刊行をお願いすることにした。同氏はそれを快諾され、私の不完全な素稿を一部はパソコンに入れ直し、図表を補うなど、本書の成稿を完成してくれた。大江氏の協力がなかったならば、本書はおそらく刊行できなかったであろう。あらためて同氏に心から感謝の意を表するものである。また、細かい校訂ほか編集実務については同会の山本徹氏のお世話になった。

なお、本書の編集過程で、石井寛治君には素稿を読んで、詳細かつ適切なコメントをいただき、武田晴人君と柳沢遊君には再度の入院・手術で十分に時間をかけられなかった著者にかわって細かい点まで校正作業をしていただいた。柳沢君には参考文献の作成でもお世話になった。三君にも感謝の意を表するものである。

二〇〇五年九月

大石嘉一郎

や　行

ら　行

わ

著者略歴
1927 年　福島県に生れる.
1950 年　東京大学経済学部卒業.
1950 ～ 63 年　福島大学経済学部に勤務.
1963 ～ 88 年　東京大学社会科学研究所に勤務.
1988 ～ 2000 年　明治学院大学経済学部に勤務.
2006 年 11 月　逝去.

主要著書
「日本地方財行政史序説」(1961, 御茶の水書房),「自由民権と大隈・松方財政」(1989),「近代日本の地方自治」(1990),「日本資本主義の構造と展開」(1998),「日本資本主義史論」(1999),「日本近代史への視座」(2003), いずれも東京大学出版会.

日本資本主義百年の歩み
——安政の開国から戦後改革まで——

2005 年 11 月 1 日　初　版
2008 年 3 月 31 日　第 3 刷

検印廃止

著　者　大石嘉一郎《おおいしかいちろう》

発行所　財団法人　東京大学出版会
代 表 者　岡本和夫
113-8654 東京都文京区本郷 7-3-1 東大構内
電話 03-3811-8814　Fax 03-3812-6958
振替 00160-6-59964

製　版　株式会社デマンド
印　刷　株式会社ヒライ
製　本　株式会社島崎製本

ISBN978-4-13-042121-8　Printed in Japan